# Sade

« Comprendre/essai graphique »
une collection dirigée par Luis de Miranda
Max Milo Éditions, Paris, 2012
www.maximilo.com
ISBN 978-2-315-00357-0

Marie-Paule Farina
Yves Rouvière

# Sade

**Max Milo**
COMPRENDRE/ESSAI GRAPHIQUE

« Ah, en Sade, du moins, respectez le scandale. »

Maurice Blanchot,

*La Raison de Sade*, Éditions de Minuit, 1963

Pour être invité à toutes les tables et raconter ses amours, Casanova se devait de respecter cette règle de bon goût.

**Sade, disons-le tout de suite, est de très mauvais goût** : des odeurs, des saveurs, « désagréablement » mêlées et « désagréablement » répétées, trop de philosophie pour certains, trop de foutre pour d'autres, trop de merde pour la plupart, trop de longueurs pour tous !

« La mauvaise odeur : un préjugé. Toutes éliminations répugnantes – et pourquoi ? Parce qu'infectes ? Pourquoi infectes ? Elles ne sont pas nuisibles... Le dégoût s'accroît à proportion du raffinement. » Nietzsche a lu Sade, il sait que « la fange de l'existence constitue le meilleur des engrais » et qu'à tout prendre **la plus raffinée des philosophies n'est rien d'autre qu'une transfiguration d'un état du corps et qu'un**

**malentendu sur le corps.** Quel lecteur de *Justine* ou *Juliette* pourrait ignorer cela ?

De l'excès et du mélange la pratique généralisée des extraits nous préserve... mais si ce dont on nous préservait constituait justement le plus grand plaisir que nous offre Sade, ce qui le rend à tout jamais différent ?

Ne rien exclure et tout rendre plus spirituel, plus suave, peut-être est-ce cela le travail de l'alambic sadien ?

**La vulgarité, la bêtise, la barbarie est ailleurs, toujours du côté du noir, du sec, du sérieux, du triste, toujours dans ce qui exclut, sépare, censure.**

Qui parle une langue énigmatique, une « langue de bois » ? Le juge, l'inquisiteur Dom Crispe Brutaldi Barbaribos de Torturentia. **Une seule langue barbare, celle dans laquelle on tue.** L'autre, la « vulgaire », la langue de l'insulte, ne frappe que l'air et tout un temps, il y a très longtemps, TOUT DIRE était reconnu comme un droit, celui de l'infortune, celui du condamné à mort.

Sade romancier construit un immense panoptikon où il rend visible et dicible le refoulé de toutes les philosophies de son temps.

**« Le philosophe doit TOUT DIRE, le philosophe doit dire le *vrai*. »** Gardons en mémoire cette injonction

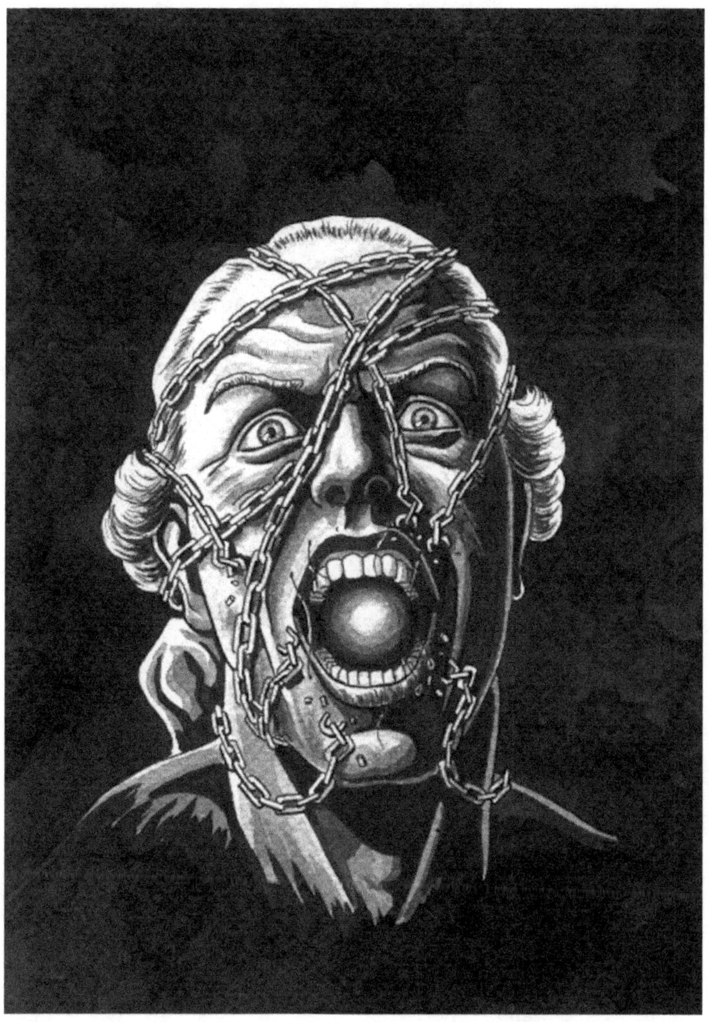

de Sade et l'ironie de l'italique qui toujours, chez lui, souligne le ridicule d'un propos.

Un peu de modestie, que diable ! Tentons simplement de comprendre comment Justine, Juliette, Léonore, Eugénie et tant d'autres ont pu naître de l'imagination d'un homme qui, entre 27 et 74 ans, n'aura passé que dix ans à l'air libre et aura été condamné deux fois à avoir la tête tranchée alors qu'il n'y avait aucun cadavre dans le placard, seulement une immense œuvre littéraire et une immense mystification.

# 1
# L'enfant gâté et le jeune homme
# au goût du jour



Et si tout cela commençait comme un conte ?

À Paris, le 2 juin 1740, jour de la sainte Blandine, naissait, face au Luxembourg, dans le plus beau palais de la capitale, Donatien Alphonse François de Sade. Cinquante ans plus tard, donnant ostensiblement à Valcour, personnage de son roman philosophique, sa propre biographie, il porte un regard sans complaisance sur l'enfant qu'il a été et sur « l'ineptie » de son éducation :

« Allié par ma mère à tout ce que le Royaume avait de plus grand ; tenant, par mon père, à tout ce que la province de Languedoc pouvait avoir de plus distingué ; né à Paris dans le sein du luxe et de l'abondance, je crus, dès que je pus raisonner, que la nature et la fortune se réunissaient pour me combler de leurs dons ; je le crus parce qu'on avait la sottise de me le dire, et ce préjugé ridicule me rendit hautain, despote et colère ; il semblait que tout dût me céder, que l'univers entier dût flatter mes caprices, et qu'il n'appartenait qu'à moi-même d'en former et de les satisfaire... [À 4 ans] je fus envoyé chez une grand-mère en Languedoc, dont la tendresse trop aveugle nourrit en moi tous les défauts que je viens d'avouer. »

La grand-mère de Sade habitait un très bel hôtel particulier au centre d'Avignon, l'oncle abbé, un château dans la montagne à Saumane. L'oncle, ami de Voltaire, érudit et grand amateur de femmes, écrivit sur Pétrarque et Laure de Sade, son ancêtre, un livre qui eut son heure de gloire. En sa compagnie, le jeune Sade apprit à rêver aux cours d'amour de ces temps anciens dont Laure était le centre. Dans son imaginaire s'inscrira à jamais le lien entre la douceur d'un paysage, d'une époque et d'une littérature. Clairwil dans *Juliette* regardant la plaine lombarde exprimera cette nostalgie d'un passé révolu et posera clairement son appartenance à un temps de volcan appelant une littérature explosive servie par des bouches de feu. **La Révolution française, l'Etna et le Vésuve, voilà le temps et les lieux du roman sadien.**

À 10 ANS, LA FÊTE EST FINIE, le comte de Sade arrache son fils à la Provence pour le confier à l'abbé Amblet, clerc tonsuré genevoix, et au collège Louis-le-Grand. De la mère, toujours nulle trace. Pour les vacances, il va en compagnie de l'abbé Amblet chez l'amie de son père, la duchesse de Longeville, qui l'appelle « mon fils » et développe avec son autre amie et « quasi-mère » (aux dires de Sade lui-même), la comtesse de Saint-Germain, son amour du théâtre, de la poésie et surtout son imaginaire de la chevalerie.

**On ne peut rien comprendre à Sade si l'on occulte le fait qu'il rêve de cours d'amour, de troubadours, de Pétrarque, de Laure et d'une société toute de douceur et de courtoisie, où le don et la fête rythment les rapports sociaux.**

**À 14 ans, son père le retire du collège** pour le faire entrer à l'école des chevau-légers, école prestigieuse s'il en fut où l'on n'est admis qu'avec un nombre impressionnant de quartiers de noblesse. La guerre de Sept Ans commence, il y participe, fait du cheval, prend avec panache une redoute mais dort et joue au lieu de faire sa cour aux officiers dont sa carrière dépend.

IL TOMBE AMOUREUX AUSSI, PARFOIS. Son père le suit partout. À Paris où il prend ses quartiers d'hiver (à cette époque, quand il faisait trop froid, les armées cessaient de se battre et chacun rentrait chez soi jusqu'au printemps),

son père le saoule de bals et de rencontres féminines cherchant à traiter ainsi une homosexualité qu'il soupçonne et dont il s'inquiète.

La guerre de Sept Ans terminée et perdue par Louis XV, voilà, comme beaucoup d'autres jeunes officiers, notre Sade oisif.

Un corps combustible qui caracole en tête, un cœur amoureux prêt à toutes les folies et une raison qui analyse et regrette après, mais après seulement, toutes les sottises que corps ou cœur font réaliser : Sade a 20 ans et croit qu'on ne peut vivre qu'à Paris, la ville la plus « civilisée » (on vient d'inventer ce mot) du monde, parmi les philosophes et les gens éclairés revenus de toutes les bondieuseries et les croyances gothiques.

Les petites écoles de paroisse ne fonctionnent pas mal et malgré des diversités régionales, on peut dire qu'un Français sur deux sait lire avant la Révolution.

**On raffole des almanachs, de la Bibliothèque bleue mais aussi de tous les livres clandestins, libelles et autres *livres de philosophie*, comme on appelle, à l'époque, les livres obscènes et bien épicés.**

La censure existe, les inspecteurs de la librairie aussi, mais jamais dans aucun pays, à aucune époque – si ce n'est peut être à la nôtre où Internet a remplacé efficacement le libelle, toujours anonyme, toujours ordurier – les rumeurs, les peurs ne se sont transmises à une telle allure.

**Au siècle des Lumières, on lit l'*Encyclopédie* mais on croit toujours aux loups-garous, aux empoisonneurs des eaux et des puits, aux affameurs du peuple bloquant le commerce des grains. On traîne dans la boue ceux que l'on a adorés la veille.**

Philosophie, libertinage et immoralité sont des mots synonymes. L'on se doit, pour être au goût du jour, de piétiner les préjugés de l'enfance, de pleurer au théâtre le jour, de se livrer à la débauche la nuit et Sade tient, avant tout, à être au goût du jour !

Tout ce petit monde d'actrices et de jolis messieurs est surveillé par Sartine, le lieutenant de police de Louis XV. Sade a déjà sa « mouche », l'exempt de police Marais, qui fait ses comptes rendus à Sartine qui, lui-même, se doit de collecter pour le roi, par le biais des *femmes du monde* (c'est ainsi qu'on nommait les maquerelles), les détails les plus croustillants sur le comportement sexuel des particuliers. Le comportement sexuel du jeune Sade commence à déraper, son comportement amoureux aussi d'ailleurs !

Ne dit-il pas, cet écervelé, qu'il se mariera avec la personne de son choix ! Son père, excédé, rédige et diffuse un petit prospectus vantant les mérites de son fils et de sa famille et réussit à convaincre monsieur le président (du Parlement) et madame Cordier de Montreuil qu'il est le parti idéal pour leur fille. Après moultes péripéties assez comiques et une vérole qu'il va soigner au mercure chez son oncle l'abbé en Provence, Sade remonte à Paris avec un pâté au thon pour se faire pardonner d'arriver si tard (le jour du mariage). Il épouse Marie-Pélagie, la fille aînée des Montreuil, qu'il voit pour la première fois et s'aperçoit, mais il est déjà trop tard, que la cadette lui plairait bien

Surveillé ?!
Mais constamment mon cher !
J'ai même ma propre mouche, ce bon vieux Marais, certainement planqué là-bas derrière à nous épier !...
Rapport à Sartine dès ce soir, sur la table du roi demain à l'aube !
Et encore, vous n'avez pas de paparazzi, de vidéosurveillance, et je ne parle même pas de Facebook !
Tenez, nous allons être "twittés" dans trente secondes...

davantage. Le contrat prévoit que son père l'émancipe (à 23 ans on n'est pas encore majeur) et lui cède sa charge de colonel de Dragons, il prévoit aussi que la belle-famille verse une dot, loge et prenne en charge tous les frais du ménage pendant cinq ans.

À Paris, comme à Échauffour en Normandie, **il joue la comédie en famille, lit des pièces à voix haute, en écrit, exerce son talent que tout le monde reconnaît pour « la contrefaction » et le jeu des portraits, imite tout un chacun « au lever, au coucher, au dîner »**. Il sait faire rire, est aimable et aimé mais il trouve sa femme trop froide et dévote. Paris est là, il a plus d'argent qu'il n'en a jamais eu et même si son père s'est installé en face de chez eux, il échappe enfin à sa tutelle.

Il lit *Le Mercure*, les trois almanachs : militaire, royal et celui des spectacles et sait donc tout ce que l'on se doit de savoir sur la Cour et la Ville mais il manque désespérément d'esprit courtisan.

Six mois après son mariage, il est emprisonné pour la première fois à Vincennes sur ordre du roi après déposition de Jeanne Testard, prostituée appréhendée par Marais. Son père court à Fontainebleau, demande la grâce du roi, l'obtient, « rien n'a transpiré, écrit-il à son frère l'abbé, si cela perçait, il faut nier ». Sade est renvoyé à la campagne et très vite pardonné : « Depuis qu'il nous a été rendu, nous en sommes contents », assure, au même, la belle-mère Cordier qui, pour l'instant, est toute douceur.

La mort de son père, quelques mois plus tard, l'assomme, il se décide à faire des enfants à sa femme et à jouer le rôle de l'époux et du père modèles, mais cela dure peu de temps.

IL REPREND SA VIE PARISIENNE, DÉPENSE SANS COMPTER, FRÉQUENTE LES THÉÂTRES ET LES ACTRICES, est tour à tour l'amant de la Beaupré, de la Colet et surtout de la belle Beauvoisin pour qui les hommes les plus riches et les plus titrés de Paris se ruinent. Il amène même la célèbre actrice en Provence, à La Coste, la présente comme sa femme à toute la société provençale invitée à assister aux spectacles et aux fêtes qu'il donne au château. Son oncle l'abbé, qui n'est pas le dernier à jouir et de la fête et de la compagnie de la Beauvoisin, informe de tout cela la belle-mère parisienne qui lui suggère de trouver sur place quelque belle Provençale qui coûterait moins cher et fixerait hors de Paris ce gendre qui dilapide son héritage et la dot de sa femme.

**1768 : affaire d'Arcueil. Le comte de Sade n'ira plus à Fontainebleau pour protéger son fils. M<sup>me</sup> de Montreuil (la belle-mère) intervient pour la première fois. Elle demande et obtient du roi une lettre de cachet des familles. Ces lettres de cachet**

étaient couramment utilisées dans toutes les classes de la société pour les délits « d'insurveillance », un mari pouvait faire enfermer sa femme, une femme son mari et un parent son fils ou sa fille. La finalité était d'obtenir un changement de comportement et d'échapper à la honte d'un procès public. Il y avait parfois quelques abus mais la plupart du temps, en quelques jours ou quelques mois, après avoir demandé un confesseur et communié, on sortait, la vie reprenait son cours, et rien ne filtrait. C'est ce qui s'était passé pour Sade en 1763.

Les temps changent, malgré la procédure roy ale et la lettre de cachet qui envoient Sade accompagné de l'abbé Amblet à la prison de Saumur, le Parlement est saisi, les journaux, les gazettes françaises et étrangères s'emparent de l'affaire. Le nom de Sade devient le symbole de l'horreur commise en toute impunité, la comtesse de Saint-Germain écrit à l'abbé de Sade : « **La haine publique est poussée contre lui au delà de toute expression... On veut qu'il ait fait cette folle flagellation en dérision de la passion...** L'affaire de M. de Fronsac et de tant d'autres ajoute encore à la sienne, il est certain que depuis dix ans il est inconcevable tout ce qui s'est fait d'horreurs par les gens de la Cour. Depuis quinze jours on ne parle que de cette ridicule affaire. »

# 2

# Un homme perdu de réputation

C'est en 1766 à Abbeville que le chevalier de la Barre est décapité et brûlé avec son exemplaire du *Dictionnaire philosophique* de Voltaire cloué sur la poitrine et cela, après avoir subi la torture ordinaire et extraordinaire et avoir eu le poing et la langue coupés. Paris n'est pas Abbeville et la mobilisation de Voltaire et du parti des philosophes fut tellement forte, à ce moment-là, qu'il n'y eut plus jamais, en France, de condamnation pour blasphème. N'empêche, Sade joue avec le feu, c'est le cas de le dire, en 1763 comme en 1768. Fesser une putain le dimanche de Pâques, le jour de la Passion du Christ, lui proposer de la confesser, puis de la sodomiser, et devant son refus, lui infliger le martinet déguisé en pirate, c'est donner un habillage bien dangereux à sa sexualité. Mais cet habillage ce n'est pas Sade qui le crée.

Pâques

« **Ceux qui croient en Dieu, je les envoie au diable** », affirme la Durand dans *Juliette*. Cette phrase, qui pourrait servir d'exergue à toute l'œuvre de Sade, il faut, comme tant d'autres, la prendre au pied de la lettre. Peut-être Sade ne peut-il supporter son homosexualité, le plaisir qu'il prend à fesser et à être fessé et la douleur qu'il éprouve à chacune de ses éjaculations qu'en surjouant tout cela et en l'intégrant dans le scénario que, depuis des siècles, l'Église fournit à tous les chrétiens.

**Sodomite, hérétique, sorcier ne suivant pas « la voie droite » et faisant tout à l'envers, c'est tout un pour l'Église et c'est la définition même du diable et de ses disciples ne respectant rien et riant de tout.**

En 1763, la déposition de Jeanne Testard décrit un comportement encore plus blasphématoire : le jeune Sade, « foulant aux pieds les préjugés de l'enfance », aurait demandé à cette jeune ouvrière en éventail s'adonnant à la prostitution, de la sodomiser et de profaner hostie et crucifix, ce qu'elle aurait refusé mais qui l'aurait, tout de même, grandement effrayée ! N'oublions pas qu'une prosti tuée serait punie lourdement si elle avouait avoir accepté, pour reprendre une métaphore sadienne, d'être « saisie » ailleurs que « dans le vase de la génération », peut-être est-ce cela qui donne un aspect un peu surréaliste aux dépositions de prostituées « effrayées » par les propositions « diaboliques » du jeune Sade.

De Saumur, Sade est transféré, par la chaise de poste, à la prison de Pierre-Encize près de Lyon, Marais l'accompagne et doit intervenir, à Saumur, à Lyon, à Moulins, à Dijon, pour le protéger de la foule prête à « [l']étriper pour venger les victimes de [s]es nombreux crimes ! » Au mois de juin, tout Paris se presse à la chambre criminelle de la Tournelle pour voir M. de Sade, tête nue et à genoux, interrogé par un magistrat. Le médecin ayant examiné la Keller confirme la version de Sade[1] qui est condamné à une aumône et rendu à Pierre-Encize et à la justice du Roi.

« J'étais trop malheureux pour ne pas être coupable », dira, plus tard, un Sade revenu de son espoir de l'époque : être oublié très vite au profit d'une autre affaire, d'une autre calomnie, d'une autre mode. Comment croire, alors que fouets et martinets sont appelés « des meubles de religieuses » et utilisés non seulement par les prostituées mais par l'Église elle-même tant pour redresser les âmes

---

1. Les blessures ont été infligées par un martinet et soignées par un onguent, ce ne sont pas des « boutonnières » faites au couteau et couvertes de cire comme l'affirmaient les gazettes.

que pour « redresser » les corps des maris défaillants, comment croire alors que Rousseau vient de raconter, dans *Les Confessions*, qu'enfant, il avait eu sa première érection en recevant la fessée, comment croire que Paris va condamner longtemps Sade ?

APRÈS SEPT MOIS DE PRISON, Sade est libéré, sa mère, la comtesse douairière, est intervenue (il n'en revient pas) et a obtenu du roi un exil sur ses terres. Mais à La Coste, il s'ennuie, sa femme, enceinte, intervient à son tour et obtient que son mari vienne près d'elle pour la soutenir.

Sade monte à Paris et y reste un moment, sage et discret. Il lit, écrit, joue toujours la comédie, réussit même à placer et à faire jouer une de ses pièces par les comédiens de Bordeaux. Il fait en septembre 1769 un voyage d'un mois en Hollande grâce à la vente à un éditeur d'un texte (dont nous ne savons rien) mais qui, il l'affirme dans l'une de ses lettres, était un livre anonyme dans la tradition des *Ragionamenti* de l'Arétin. Sade aurait-il pris quelques notes, chez les prostituées des petites maisons qu'il fréquentait, sur le comportement sexuel de ses contemporains ? Aurait-il complété le projet de l'*Encyclopédie* dans une direction négligée par Diderot mais en appliquant sa méthode : décrire l'artisan au travail en se rendant « pour ainsi dire apprenti » ? C'est ce que

pourrait laisser supposer la fin de la lettre qu'il adressait de Vincennes à Sartine en 1763 :

« J'espère aussi, Monsieur, que vous voudrez bien ne point instruire ma famille **du véritable motif de ma détention**, je serais perdu sans ressources dans leur esprit. J'ose encore vous faire une remarque, Monsieur : la date du **malheureux livre** n'est que du mois de juin, je me suis marié le 17 de mai et je puis vous assurer que je n'ai mis les pieds dans ladite maison que dans le mois de juin. »

À Vincennes, s'efforçant, sans grand succès d'écrire une tragédie en vers et des livres d'histoire, Sade avoue à l'abbé Amblet que s'il ne réussit pas à écrire de « bons » ouvrages pour s'assurer une nouvelle réputation, il reviendra à ce vers quoi son génie le pousse et qui lui procure mille fois plus de plaisir que le genre noble : les textes dans la tradition de l'Arétin, ce Vénitien qui conseillait à une mère, inquiète de l'avenir de sa fille, de préférer à toute autre la carrière de putain.

N'anticipons pas, en 1770 Sade est toujours militaire et se rend à Fontenay-le-Comte en Poitou où il vient d'être nommé capitaine de cavalerie. À peine arrivé, il est mis aux arrêts par son commandant qui refuse de recevoir un officier ayant sa réputation. Duel et fin de la vie militaire.

Il obtient une commission de maître de camp sans solde, fait de la prison pour dettes et se décide en septembre 1771 à descendre sur ses terres avec femme, enfants et belle-sœur.

# 3

# La Coste. Marseille. L'Italie. La Savoie. Un mauvais aventurier qui rentre toujours au bercail

Pour comprendre Sade il faut lire sa correspondance. Après l'avoir lue nous connaissons tout son petit monde et, à part sa belle famille, il ne comporte que des Provençaux et quelques amis italiens.

Présents à ce moment-là, près de lui à La Coste, il y a :

Gaufridy, l'ami d'enfance, avocat-notaire qui gère ses biens et à qui il écrira toute sa vie pour demander, sur tous les tons, « Des sous ! Des sous ! », mais aussi, pour plaisanter, raconter ses espoirs et ses craintes dont la principale est qu'il le trahisse... ce qu'il fait et a toujours fait.

L'abbé de Sade, l'oncle, qui voit dans son neveu un cheval fougueux faisant un peu trop d'écarts et préfère, lui-aussi, jouer double jeu et servir la puissante belle-mère, quotidiennement informée par l'un et l'autre, des faits et gestes de son gendre. Pourtant l'abbé ressemble à son neveu, il est de tous ses spectacles, de toutes ses fêtes et tombe lui aussi amoureux d'Anne-Prospère, la jeune belle-sœur chanoinesse !

Marie-Pélagie, l'épouse et amie, qui déteste le mauvais esprit des Provençaux et appelle « Monsieur », « Madame » et « Mademoiselle » les amis de son mari dont elle sait pourtant qu'ils détestent cela et la trouvent « boutonnée comme un parlement ».

Gothon, la cuisinière, « le plus beau cul échappé des montagnes de Suisse » auquel, aux dires de son maître, même son beau-père, le président, aurait rendu hommage. Gothon, si soucieuse du bien-être de Sade qu'elle lui envoie fleurs et abricots de son jardin dès qu'elle le sait en prison à Aix et fait tirer un lièvre pour lui mitonner un civet. Gothon qui écrit, à Sade enfermé à Vincennes, des lettres dont le style varie au gré de ses amants qui lui servent de « dicteurs ».

Ses valets : Latour, « le grand Latour », mais surtout Carteron dit la Jeunesse, mauvais sujet, amant de Gothon, copiste et valet préféré de Sade et de sa femme, qui les suivra à Paris pour continuer à s'occuper des manuscrits de son maître en prison.

Paulet, le consul et plus tard maire de La Coste, l'ami de Sade, protestant comme Gothon et son amant d'un jour, ce qui en fait l'objet des plaisanteries de Sade et du curé de La Coste, amusés de voir ces deux protestants pécher aussi allègrement que de vieux chrétiens !

La Coste compte cinq cents habitants, pour moitié catholiques, pour moitié protestants, se retrouvant plus au cabaret qu'au temple ou à l'église, cinq cents hectares dont soixante appartiennent à Sade. **La plupart des paysans de La Coste, avec qui Sade parle provençal (dans cette langue je ne connais, dit-il, que « le bas comique »),** sont propriétaires de leurs terres et élèvent des vers à soie. Tous sont d'accord pour laisser chacun disposer de son corps (à condition de ne pas engrosser leurs filles) et pour haïr les Aixois et leurs parlementaires, encore plus, si c'est possible, que les Parisiens coincés. En 1545 les troupes du roi avaient donné l'assaut aux Vaudois de La Coste et le seigneur d'Oppède, président du parlement d'Aix, avait fini le travail.

**Le souvenir de Mérindol, de Cabrières (la Saint-Barthélémy provençale) est toujours vivace dans le village et dans l'œuvre d'un Sade qui a toujours vomi « des guerres de religion qui ont fait des**

**millions de morts alors qu'elles ne valaient pas le sang d'un oiseau ».**

Sade est aussi l'ami de Vidal (le chanoine d'Oppède) qui le cachera, plus tard, chez lui et avec qui il devait partir en Espagne exploiter une mine d'or.

Il ne manque, pour que le cercle des amis de Sade soit au complet, qu'une figure et non des moindres, Marie-Dorothée Rousset, celle qu'il appellera « ma petite sainte », « ma petite bête », « ma petite compote » car ses lettres le faisaient tellement rire à Vincennes qu'il les gardait comme une douceur pour son dessert. « Monsieur le fagot d'épines », c'est ainsi qu'elle le nommait et il est vrai qu'à cette époque Sade s'enflamme rapidement : c'est « l'énergie des Sade », dit-il, tellement préférable à « la morgue des Montreuil » dont ses fils, à son grand désespoir, lui semblent avoir hérité.

À peine arrivé à La Coste, il se lance dans de grands travaux, plante des cerisiers dans son parc, organise un festival de théâtre où il invite tout le voisinage et finalement, en plein milieu, sous prétexte de toucher des baux, file à Marseille avec Latour faire « une partie » avec quatre prostituées. On mange des bonbons à l'anis, bien épicés aux cantharides, pour se mettre en forme. L'une des prostituées, qui en a mangé plus que les autres, est malade, sa logeuse prévient la police et, avant même que Sade et Latour soient de retour à La Coste, la maréchaussée est à leurs trousses et l'on prévient Sade qu'il va être arrêté car une prostituée est morte. Terrifié, il fuit avec Latour en Italie. Moins de deux mois plus tard, ils sont condamnés à mort par le parlement d'Aix pour sodomie et empoisonnement (les prostituées bien vivantes ont porté plainte pour empoisonnement seulement !).

**En plein siècle des lumières, sur la place Saint-Louis d'Aix, l'effigie de Sade a la tête tranchée, celle de Latour est pendue (l'égalitaire guillotine n'est pas encore là) et toutes deux sont brûlées et leurs cendres dispersées au vent.**

Voilà Sade contumace qui vit en Italie un moment puis revient, repart avec sa belle-sœur qui le quitte et rentre sans lui à La Coste à sa première infidélité. Il se réfugie enfin en Savoie où sa belle-mère le fait arrêter et emprisonner. Il se sauve de « la Bastille savoyarde », retourne à La Coste où il va vivre un moment avec sa femme.

LE SCANDALE DES « PETITES FILLES » ÉCLATE : le père de Justine, l'une des « servantes » qu'il a recrutées à Lyon avec leur maquerelle en titre Nanon (tout à fait légalement aux dires de Sade), vient faire un esclandre au château, tire à bout portant sur Sade. L'amorce ne prend pas mais effraie tout le

monde. Paulet réussit finalement à sermonner un homme qui, écrit Sade à Gaufridy, n'en revenait pas de voir sa fille vivante et répétait à qui voulait l'entendre que s'il tuait le marquis, on lui avait assuré qu'il ne serait pas inquiété !

Goupil, inspecteur de la librairie dont le voyage depuis Paris a été payé par madame la présidente, a déjà, en l'absence de Sade, terrorisé Gothon et sa femme et pris tous les papiers de son cabinet dans l'espoir de récupérer des lettres susceptibles de compromettre la fille cadette mais aussi, comme en Savoie et au fort de Miolans, des libelles contre la famille et des « manuscrits contre les mœurs ».

Il n'y a pas que le corps de Sade qui soit combustible, « **votre style brûle le papier** », lui dit déjà sa femme qui vouvoie Sade quand elle est en colère contre lui. Pourquoi ne l'écoute-t-il pas ? « **On me dit, que vous seriez sorti depuis longtemps si vous modifiez votre style** », lui répètera-t-elle, en vain, à Vincennes et à la Bastille !

Informé par sa belle-mère de l'état de santé de sa mère, Sade monte à Paris avec sa femme, la Jeunesse et Justine (qui n'a pas voulu les quitter), et, à peine arrivé, est arrêté dans sa chambre, en présence de sa femme, par Marais. Sa mère est morte depuis quinze jours et sa belle-mère a obtenu de Louis XVI qu'il reconduise la lettre de cachet de son gendre.

# 4

## « Une rage de Vincennes »
## « À quoi bon rendre malheureux ceux qu'on ne peut rendre bons ? »

Est-il enfermé pour une semaine ? Un mois ? Un an ? Voilà la seule question à laquelle il demande à sa femme de répondre dès qu'elle est autorisée à lui écrire. « Je t'assure que tu ne resteras pas un jour de plus que nécessaire. » Ce genre de réponse rend Sade fou de rage mais il refuse absolument de la croire quand elle lui affirme qu'elle n'en sait rien. Il la supplie de lui dire la vérité mais ne peut supporter l'idée que sa lettre de cachet ne porte aucune date. Si c'était le cas, il n'aurait plus qu'à se fracasser la tête sur la muraille.

Après seize mois de Vincennes, c'est « le voyage d'Aix », toujours en compagnie de Marais. Le parlement casse son jugement par contumace, les prostituées témoignent, **il est condamné non plus pour sodomie**

**et empoisonnement mais pour « libertinage outré » à une aumône et à une interdiction de séjour à Marseille pendant trois ans.** Il est heureux... pour peu de temps. Marais vient le chercher dans la nuit pour le ramener à Vincennes, sa belle-mère n'a pas fait annuler la lettre de cachet. En cours de route, il échappe à Marais et à son frère, rentre à La Coste où il est fêté par ses amis. Un mois après, nouvel enlèvement, de nuit, à La Coste, par quatre exempts parisiens (dont Marais bien sûr) et six hommes de la maréchaussée de Salon tous payés par sa belle-mère.

LE DONJON DE VINCENNES N'EST PAS, QUOI QU'ON EN AIT DIT, UNE PRISON TROIS ÉTOILES. La cellule n° 6, où Sade est enfermé, est minuscule avec un sol en terre battue et il faut, dans la poussière, cohabiter avec rats et souris.

Ce dont Sade souffre le plus, c'est de la solitude et du manque d'air et de promenades mais au moins, maintenant, il sait à qui il doit tous ses malheurs.

« Ma vie est vendue. On me sert par une trappe comme les fous. »

« Ma belle-mère a peur que je la mette en scène. Il faut laisser les Caliban à Shakespeare, ils ne réussissent pas sur notre théâtre. »

« Elle traite mes biens comme choux de son jardin. »

**Quelle est « cette rage de Vincennes » qui fait de lui « un malheureux qui ne voit rien, qui n'entend rien et pour qui les lettres sont les seuls horoscopes où il croit trouver son sort ? »**

Il faudrait citer toutes ses lettres pour comprendre la transformation du jeune et fringant marquis en « monsieur le 6 ». **Monsieur le 6** voit naître dans son corps et dans son esprit des excroissances bizarres pour lesquelles il lui faudrait questionner « quelque médecin de l'âme » mais il n'en a pas à sa disposition et quand il consulte parce qu'il commence à devenir aveugle, on lui déconseille la lecture et l'écriture : ne devrait-il pas plutôt faire du filet ou du tricot comme à Bicêtre ?

C'est donc seul qu'il va élaborer les moyens, ses moyens, non seulement pour survivre mais pour vivre du mieux possible et sans plus s'inquiéter de rien : « Tout est dit. Tout est blasé ! Tout est émoussé. Votre plus court est donc de me laisser en repos. »

**Un « stoïcisme heureux », voilà la philosophie de ce Sade nouveau qui entre là en résistance.**

D'abord, il va, malgré les critiques et les « taquineries », lire et écrire sans discontinuer (« je veux m'y mettre jour et nuit et ne veux plus faire absolument autre chose ») tout en jouissant de tous les petits plaisirs qui lui restent.

Il aime les douceurs et va envoyer à sa femme des listes de courses. Pourquoi se priverait-il d'eau de Cologne et de jolis cahiers ? De chocolat, de figues, de fraises, de beurre de Bretagne ou de petits gâteaux ? Quel lien y-a-t-il entre les fibres de son estomac et la loi salique ? Aucun, alors qu'on le laisse jouir en paix d'un plaisir si innocent.

Ensuite, il va revendiquer des « droits », non ceux de l'homme mais ceux « d'un animal de ménagerie » : être propre, manger une nourriture correcte, avoir sa cage balayée, pouvoir dormir sans être dérangé par les souris et les entrées intempestives, de nuit, des uns ou des autres.

**Il va aussi tenter de s'amuser de la bêtise des « décrotteurs de textes » qui lisent et censurent toutes ses lettres. Il va même faire de « Jacques le gribouilleur » un grand homme pour sa constance dans le vice.** Toujours penser, en lisant les lettres de Sade, au tiers qui s'interpose entre lui et sa femme et le punit de tous ses écarts de « style » en le privant de visite, de promenade, de papier. Milli Rousset est la seule à oser s'adresser à la fois à Sade et à ceux qui s'échauffent la tête en lisant ses lettres. Quand elle lui écrit des « foutaises » en provençal, elle traduit pour eux, ce qui fait mourir de rire Sade qui ne demande qu'une chose : qu'on le distrait de Vincennes.

« La première fois que j'entrai à Vincennes, je crus être à Liliput tant toutes les règles y étaient minuscules et je préférai d'emblée croire que j'avais 12 ans plutôt que de penser que c'étaient ceux qui dirigeaient tout cela qui les avaient. »

**« Mes fariboles sont bonnes pour amuser les enfants mais que suis-je ici, si ce n'est un enfant ? »**

Enfant, animal, juif condamné à se crever les yeux pour lire les Écritures et trouver dans les lettres de sa femme le chiffre de son destin et la date de sa sortie, Sade découvre que « la nature donne des inspirations très singulières à un être abandonné à lui-même et privé de la société ». Se mettrait-il à croire aux rêves, aux miracles ? « Ce miracle-là (s'il existe) n'est pas plus singulier et même beaucoup moins que l'inspiration qu'elle donne aux animaux sur les plantes qui leur sont salutaires. » Diderot à Vincennes, Casanova aux Plombs tirent (eux aussi) les sorts pour trouver la date de leur libération. S'il y a une piste qu'il ne faut jamais emprunter pour comprendre Sade c'est celle qui le sépare des autres hommes. *Sade, mon prochain*, disait Klossowski, Sade, mon semblable, me contenterai-je d'affirmer d'un

homme, d'une santé mentale à toute épreuve, dont le courage d'esprit est la première des qualités.

**Sade, bien avant Michel Tournier, bien avant Gilles Deleuze, avait découvert que sa solitude condamnait Robinson à devenir pervers, mais sa solitude Robinson la vit en pleine nature, Sade dans un lieu clos, et toute son œuvre va explorer les monstruosités que les lieux clos enfantent.**

« Sade, c'est l'horreur de la nature... Il n'y a pas un arbre dans son œuvre », remarque Flaubert. Flaubert va à l'essentiel mais Sade, l'homme Sade, ne peut vivre que dans des lieux ouverts, il pleure en apprenant qu'une nuit les trente cerisiers qu'il avait plantés à La Coste ont été coupés, au printemps il a plus besoin de fleurs que de livres et sa femme lui en apporte quand elle lui rend visite, mais ses libertins, eux, effectivement, n'officient que dans des lieux clos, à l'abri des hauts murs de châteaux et de couvents ou sur les « lèvres » de volcans toujours en activité qui stérilisent toutes les terres qui les environnent.

« J'ai été guidé par cet axiome du droit naturel : me faire justice moi-même toutes les fois qu'elle me sera refusée. »

**Les ratures, les effaçures ont remplacé les roues ; c'est aux angles des lettres de sa femme qu'il se**

blesse, c'est à son esprit qu'on s'attaque en chiffrant tout ce qui lui parvient et en lui laissant imaginer le pire s'il ne devient pas sage et ne modifie pas son style et sa philosophie. « On m'enferme pour mes travers, c'est le meilleur moyen de me les faire chérir toute ma vie. » Peut-être, mais d'emblée l'entreprise sadienne va plus loin et pour ne pas oublier le but qu'il poursuit et poursuivra contre vents et marées ou plutôt, au contraire, contre murailles et chaînes, il inscrit sur le signet qu'il voit chaque jour puisqu'il lui sert de marque-page :

« **Si quelques animaux de l'autre monde et qui, sans doute, y rentreront bientôt ne s'étaient figurés que rien ne détruit les vices comme de ne pas voir le soleil. Opinion trop barbarement gothique pour que M. de Sade ne rende pas à sa patrie le service d'en prouver l'absurdité.** »

Pari réussi, l'œuvre la plus immorale et la plus scandaleuse qui ait jamais été écrite l'a été par quelqu'un que l'on enfermait pour lui faire faire « des réflexions » !

Vous avez imaginé
Faire merveille, je le parierais,
en me réduisant à une abstinence
atroce sur le péché de la chair.
Eh bien, vous vous êtes trompés : vous avez
échauffé ma tête, vous m'avez fait
Former des Fantômes qu'il Faudra
que je réalise.

# 5
# Jonas ou le prophète malgré lui

Sade prophète, c'est un rôle dans lequel on l'imagine peu et pourtant, dix ans avant la Révolution, il voit dans l'absence d'équité un surcroît de malheur qui, s'ajoutant à la pauvreté, ne peut déboucher que sur un bouleversement.

**« Le philosophe tranquille, écrit-il, éloigné de cette mer orageuse en calculant d'après de tels égarements la suite infaillible et prochaine de l'État qui les souffre, ne pourra-t-il pas devenir aussi bon prophète que Jonas ? »**

Vincennes et la Bastille deviennent la baleine de ce Sade-Jonas, prophète bien malgré lui, comme Jonas d'ailleurs qui se refusait à aller à Ninive pour annoncer leur fin prochaine à des hommes qui ne reconnaissaient plus leur gauche de leur droite. Ninive sera sauvée, pas Sodome où il y avait trop peu de justes, mais le prophète Sade est bien pessimiste et à la fin des *120 journées de Sodome* tend le fil vert des élus survivants de l'Apocalypse aux bourreaux et à ceux qui les servent :

« Le 1ᵉʳ mars on expédie en détail tout ce qui reste. Les amis décident de donner un ruban vert à tout ce qui doit être ramené en France sous condition de prêter la main au supplice du reste. »

**C'est sur les pages de son Platon que Diderot cherche la date de sa sortie, Sade sur une *Fleur des Saints* où, à chaque saint, il donne un chiffre.**

Sa femme lui écrit parfois « au lait » ou au « citron », sortes d'encres sympathiques, ce qu'il considère comme des broutilles et jamais ce qui lui importe : la date de sa sortie. Il est sûr que cela est inscrit quelque part et qu'elle ne lui dise pas le contraire, cette illusion est nécessaire à sa survie et « on n'enlève pas son hochet à un enfant », mais qu'elle cesse d'être l'instrument de son supplice et de parler par énigmes ou par jeu de mots à décrypter.

Il lit les sermons du père Massillon, « ce n'est point un bigot qui parle » et pourtant Louis XIV ne l'écoutait pas et faisait des millions de morts pendant qu'il lui prêchait la douceur, alors les sermons, à quoi bon ?

Il lit ou feuillette aussi les nombreux volumes des *Cérémonies religieuses* qui, à titre de « curiosités », décrivaient les pratiques religieuses les plus exotiques. Ces livres, il les feuilletait à La Coste, avec sa femme, pour se distraire pendant leurs longues soirées d'hiver.

Faut-il rappeler quel était l'usage le plus courant des *Vies des saints* dans les collèges de jésuites ? Les historiens, qui ont souvent mauvais esprit, signalent que les exemplaires qui subsistent s'ouvrent tout seuls à la même page, au 2 juin, jour du martyre de sainte Blandine, représentée toujours nue, percée de flèches, les seins coupés, livrée à un taureau, etc. **C'est dans les martyrologes religieux, chrétiens ou autres, que Sade va chercher l'« inspiration » des *120 journées de Sodome* et ce n'est pas lui qui découvre qu'on peut s'échauffer la tête au récit d'horreurs !**

Comme Hitchcock, Sade aime bien faire une ou plusieurs apparitions plus ou moins discrètes et inattendues dans ce qu'il va nommer (où qu'il les ait écrits par ailleurs) : *mes livres de Bastille.* **Dans *Sodome* il choisit son saint patron et ce choix sera définitif.**

**« Chacun prêche pour son saint »**, affirme Dolmancé dans *La Philosophie dans le boudoir*, pour quel saint Sade prêche-t-il donc ?

Vies des Saints

Le président Curval (le juge) parle de lui, Sade, le 23 novembre, à son ami le duc de Blangis :

« Tout le monde sait l'histoire du marquis de... qui, dès qu'on lui eut appris la sentence qui le brûlait en effigie, sortit son vit de sa culotte et s'écria : "Foutredieu ! Me voilà au point où je voulais, me voilà couvert d'opprobe et d'infamie, laissez-moi, laissez-moi, il faut que j'en décharge !" Et il le fit au même instant. »

Est-il besoin de dire que **Les 120 journées de Sodome, ce martyrologe hérétique, décrit un monde à l'envers dont la seule finalité est de « démoraliser**[2] **le supplice » ?**

Quelle « morale » les deux amis tirent-ils de ce récit ?

**« – Oh ! Quelle énigme que l'homme ! dit le duc.**

**– Oui, mon ami, dit Curval. Et voilà ce qui fait dire à un homme de beaucoup d'esprit qu'il valait mieux le foutre que le comprendre. »**

Ne soyons pas, nous qui cherchons à comprendre Sade, démoralisés[3] dès le début de notre entreprise, Sade pense exactement le contraire et **s'il situe toute cette scène le 23 novembre, jour de la saint Clément, c'est parce que ce saint est le seul à l'imitation**

---

2.  Premier sens : rendre immoral (*Littré*)

3.  Second sens : ôter le moral, le courage (*Littré*)

duquel il appelle tous ceux qui pensent « qu'il faut enfermer pour adoucir » et « foutre plutôt que comprendre ».

Leçon de clémence vaut mieux que leçon de despotisme mais, tout de même, Sade ne serait-il qu'un énième donneur de leçons qui ne décrirait les pratiques criminelles de « chiffreurs », « maltôtiers », « financiers », « robins », « magistrats » décrépis et imbéciles que pour qu'ils ne réussissent plus à faire illusion ?

« **Et l'idole entièrement dépouillée par ses soins n'offr[irait] plus à la multitude éclairée que la brute et dégoûtante matière dont elle est composée** » ?

# 6

# Un monde à l'envers :
# de l'enfer au carnaval

Seul le fabuleux échauffe la tête, seul le fabuleux permet d'échapper aux craintes de la nuit car les diables et les ogres qu'il enfante terrifient mais... à distance. **Sade, dans la nuit de sa prison, invente le roman noir, le plus noir qui ait jamais été écrit et raconte sans « gazer » la manière dont les « grands hommes » anthropophages et scatophages se ressourcent dans les sérails offerts à leur lubricité.** N'ayons surtout pas peur, ces hommes sont lâches, reculent devant un combat à armes égales et même l'enfant le plus faible mais résolu, par son rire, les ferait fuir à l'autre bout de la terre. Sade l'affirme, d'emblée, dans le portrait qu'il fait du duc de Blangis, le « colosse » qui dirige toute la bande et l'entraîne au château de Silling.

**Déjà, il suit les conseils qu'il donnera, plus tard, au jeune romancier : « Personne ne te contraint au métier que tu fais ; mais si tu l'entreprends, fais le bien. Ne l'adopte pas comme un secours à ton existence, il aurait la pâleur de la faim. »**

En 1783, Sade commence à retrouver la force de rire et le goût de la plaisanterie, l'œuvre qu'il écrit ne sera jamais une œuvre de ressentiment née de passions tristes. Un mot de lui, écrit à minuit, dit simplement à sa femme :

**« Je t'écris de gaieté d'imagination et t'embrasse très fort. »**

La veille, il lui disait que s'il ne recevait pas les livres qu'il attendait pour continuer à écrire théâtre et histoire, il en profiterait pour se lancer dans une grande suite romanesque qui lui procurerait beaucoup plus de plaisir.

En 1784, de nuit et « tout nu » (comme d'habitude), il est transféré à la Bastille. C'est là qu'il rédigera et cachera, entre deux pierres du mur de sa cellule, le rouleau de douze mètres de long des *120 journées de Sodome* ou plutôt, c'est là qu'il rédigera la première partie, celle qui couvre le mois de novembre, la suite n'étant qu'un catalogue de sévices, à coup sûr illisible, où Sade semble ne poursuivre que deux objectifs : ne pas se répéter et aller toujours plus loin dans l'horreur.

Ce manuscrit, Sade le perdra, il sera vendu avec les pierres de la Bastille, conservé, semble-t-il, en Allemagne et publié pour la première fois en 1931. Sade aurait pu le réécrire, le publier, il ne l'a pas fait et cela n'est sûrement pas sans raison.

ATTENTION DONC AU STATUT TRÈS PARTICULIER DE CE TEXTE qui sera, lors de sa première publication, présenté et lu comme un catalogue de toutes les perversions. Déjà, Gilbert Lely (c'est grâce à lui et à Jean-Jacques Pauvert que l'on peut lire, aujourd'hui, Sade) remarquait une « erreur » : l'omniprésence de « l'aberration coprolagnique portée à ses derniers excès » que nous nommerons en préférant le vocabulaire rabelaisien : **la scatophagie dont Rabelais comme Sade fait la caractéristique de tous les pouvoirs.** Qu'Aristophane inaugure en se moquant des disciples d'Esculape, que Rabelais poursuive en présentant un moine comme un « mâche-merde » qui se nourrit des péchés de tout un chacun et Sade un juge comme un « fouille merde » et un « mange merde », est-ce, aujourd'hui, si incompréhensible ? Non, mais c'est « vulgaire » et comme le dit, avec raison, Kundera : « **En France, dire de quelqu'un qu'il est "vulgaire", surtout si c'est un romancier, c'est vraiment l'insulte suprême.** » Voltaire déjà, et pour cette même raison, ne voulait conserver de Rabelais que quelques pages et jeter tout le reste, au grand dam de Diderot comparant Rabelais à l'immense statue de Saint-Christophe entre les jambes duquel tous les Parisiens passaient pour entrer à la cathédrale. En langage clair, et le langage de Diderot était déjà très clair : mon vieux, ni toi, ni moi, ne lui arrivons « aux couilles ».

La statue de Saint-Christophe a disparu depuis bien longtemps et des générations de lycéens du XXe siècle ont appris dans les manuels de Messieurs Lagarde et Michard que Diderot était un écrivain vulgaire qui n'avait pas « l'esprit » (français, bien sûr) de Voltaire. « Plébéien, sensuel, bavard et démonstratif, Diderot manque de tact et de délicatesse. »

Et voilà comment l'on écrit l'histoire littéraire, comme l'autre d'ailleurs, et de cela aussi Sade se moquera en se gardant bien de contester le « faux » illégitime par un « vrai » légitime mais tout aussi péremptoire et incontestable.

Dans l'un de ses *Séminaires*, Lacan écrit, non sans humour : « Ce n'est pas moi, c'est saint Jean. » Tous les discours de pouvoir sont des discours écrits du point de vue de Dieu ou de ses saints. **Ce que Sade montre c'est qu'il n'y a pas de récit sans sujet, sans désir, sans corps.** Bien avant Nietzsche, bien avant Freud,

Sade est porteur de ce « grand soupçon ». L'origine du **gai savoir** est la même de Rabelais à Nietzsche en passant par Sade : « **Nous ne sommes pas des grenouilles pensantes, des appareils d'objectivation sans entrailles.** » **Méfions-nous de** « **l'esprit objectif** », « **des demi-philosophes qui analysent tout sans jamais rien comprendre** ».

Il y a des philosophes malades comme il y a des critiques malades, et ils se reconnaissent au fait qu'ils s'abritent derrière une objectivité et un anonymat de bon ton.

**En faisant de Sade un romancier, qui en plein XVIII^e siècle, réintroduit dans la littérature « le bas comique », dont, aujourd'hui encore, la langue populaire garde trace, ne suis-je pas en train de lui porter et de me porter tort ? On comprendrait mieux que je fasse partie du fan club d'un *serial killer*** et « avoue », comme tant d'autres, que le sadisme de Sade tel qu'il le développe dans *Les 120 journées de Sodome* m'a fascinée et amenée au bord de l'abîme et du suicide, plutôt que de m'entendre dire simplement que j'ai ri en lisant, par exemple, le récit de la perversion d'un parlementaire (sûrement aixois, ces hoquets à l'odeur d'ail le trahissent), fait, à haute voix et « sur le ton de la bonne compagnie » par La Duclos, la maquerelle de service, en ce mois de novembre[4].

Passons sur les préalables, pour en arriver au cœur de la « perversion » :

« Il étendit ses jambes, je me plaçai sur un siège plus bas près de lui, et ayant tiré de sa braguette un soupçon de vit très mollasse au lieu d'un membre réel, je me mis malgré ma répugnance, à suçoter cette belle relique, espérant qu'elle prendrait un peu de consistance dans ma bouche : je me trompais. Dès que je l'eus recueillie, le libertin commença son opération ; il dévora plutôt qu'il ne mangea le joli petit œuf tout frais que je venais de lui faire : ce fut l'affaire de trois minutes, pendant lesquelles ses extensions, ses mouvements, ses contorsions, m'annoncèrent une volupté des plus ardentes et des plus expressives. Mais il eut beau faire, rien ne dressa, et le vilain petit outil, après avoir pleuré de dépit dans ma bouche se retira plus honteux que jamais et laissa son maître dans cet abattement, dans cet abandon, dans cet épuisement, suite funeste des grandes voluptés. »

Convaincu par ce récit, Durcet, renonçant non aux attraits mais « aux étrons de la jeunesse », comprend que

---

4. Mois auquel débute le récit des *120 journées de Sodome*.

c'est son vieil ami Curval, le président du tribunal, qui le servira le mieux, etc.

**Même en février, le mois des passions meurtrières, le dernier cercle de l'enfer peut se révéler le mois des pratiques carnavalesques les plus classiques. Femmes qui deviennent servantes ou bêtes destinées à la nourriture, valet qui prend la place du maître, mariages et accouplements incongrus.**

« Quatrième partie : Établissez [Sade écrivain se vouvoie toujours quand il s'adresse à lui-même] que tout change de face ce mois-là ; que les quatre épouses sont répudiées que cependant Julie a trouvé grâce près de l'évêque qui l'a prise chez lui en qualité de servante mais qu'Aline, Adélaïde et Constance sont sans feu ni lieu. Pour Adélaïde et Aline, elles couchent à l'étable des bêtes destinées à la nourriture. » Le 12 Février, Augustine, fille d'un baron languedocien enlevée par maquerelles et coupe-jarrets pour entrer dans le sérail des quatre libertins, oubliant la noblesse de sa naissance, s'allie avec un « fouteur subalterne » qui lui proposait une évasion. « On s'aperçoit qu'il y avait un petit commencement d'émeute générale parmi les fouteurs subalternes. »

Le 2 juillet 1789 : de l'intérieur de la Bastille Sade entend monter la révolte du faubourg

**Saint-Antoine, il prend un long tuyau de fer blanc pourvu à l'une de ses extrémités d'un entonnoir pour vider à l'extérieur, disons, ses eaux usées, et l'utilisant comme porte-voix, crie que l'on égorge à la Bastille.** Telle l'Augustine de Sodome, pour sauver sa vie, Sade, malgré sa peur réelle de la férocité populaire, tente sa première alliance avec le faubourg et « les fouteurs subalternes »... et ça marche !

Comment ne serait-il pas confirmé dans l'idée que tout ce qui lui arrive n'est qu'une vaste farce quand cet acte de colère (peut-être simplement dû au fait qu'on avait supprimé sa promenade) après l'avoir envoyé, dès le lendemain et pour neuf mois, à Charenton avec « fols et épileptiques », lui assure considération et réputation de prophète dans le Paris de 1790, où la suppression des lettres de cachet lui rend, enfin, sa liberté ? Restif de la Bretonne qui, quinze ans plus tôt, en avait fait un « vivisecteur », le décrit, avec autant de souci de la vérité, porté par la foule, barbe blanche en bataille, sortant le 14 juillet de la Bastille – où il n'était malheureusement plus depuis dix jours – entouré des têtes de ses geôliers plantées sur des piques.

# 7

# Enfin libre !

« Il faut avoir connu la situation de quelqu'un qui brise ses fers pour être en état de la rendre ; c'est un nouvel air que l'on respire, ce sont de nouvelles sensations que l'on éprouve ; c'est un poids énorme dont on se débarrasse. » Quand Sade affirme cela dans *Aline et Valcour* on le croit sur parole !

**Avoir été emprisonné à la Bastille ne déshonore plus**, bien au contraire, Sade le dit à Gaufridy et lui demande de le faire savoir à toute la province mais il lui demande surtout de l'argent, et tout de suite, car il est nu et d'autant plus nu que sa femme ne veut plus le recevoir, elle qui quelques années auparavant lui écrivait : « **Si ta pauvre tête ne s'écartait pas quelquefois pour écrire des choses peu convenables, tu serais l'être parfait, mais tu le seras toujours pour moi.** » Ne jamais dire « toujours » quand on est une girouette tombant sous la coupe du premier confesseur venu et lui livrant tous les manuscrits de son mari pour qu'il les brûle. Plus tard, le vertueux fils cadet procédera, lui aussi, à des autodafés de tous les manuscrits posthumes de son père.

**À 50 ans, c'est un Sade obèse qui débarque sur le pavé de Paris, d'un Paris qu'il a du mal à reconnaître après treize ans d'emprisonnement et qui lui offre d'emblée la suppression de la censure, qui vient d'être votée, de même qu'un tout nouveau statut, celui d'« auteur d'invention ».**

Mais, d'abord, Sade éprouve le besoin de parler, de voir du monde. Il fait partie des Parisiens qui s'écrasent dans les théâtres, les anciens comme les nouveaux, pour voir des « drames à l'anglaise » qui font fureur, du noir, du noir, des cadavres, des moines. Il recycle ses pièces, tente de leur donner le ton du jour, réussit à les faire lire par les comédiens, obtient dans un théâtre un abonnement d'un an, dans un autre fait jouer une de ses pièces mais, pas de chance, au parterre et pour la première fois, certains arborent le bonnet rouge et font un tel vacarme que la pièce est interrompue.

Il est reçu par M. et M^me de Clermont-Tonnerre. M. de Clermont Tonnerre, le mari de sa cousine, est un élu de l'Assemblée nationale qu'il présidera par deux

fois. Il dirige le parti « monarchien » et Sade semble, à ce moment-là, lui aussi, pour un système à l'anglaise, une monarchie constitutionnelle avec deux chambres. Il écrit cela à Gaufridy qui lui demande son avis sur toutes ces nouveautés en lui précisant qu'**il est maintenant « homme de lettres » et, à ce titre, écrit tellement de discours pour les uns et les autres qu'il ne sait plus ce qu'il pense lui-même !**

Il fait connaissance de madame Quesnet, une comédienne de vingt ans sa cadette, qui ne le quittera plus jusqu'à sa mort en 1814. Il s'installe avec elle, rue Neuve-des-Mathurins, et mène, dit-il, la vie tranquille d'un curé dans son presbytère ! Il est citoyen actif de la section de la place Vendôme, paie ses impôts, assiste aux réunions de sa section et surtout il continue à écrire et a l'immense plaisir de pouvoir « lire à chaud » ses manuscrits à Constance.

**Il va tout faire pour rester en liberté, « tout », c'est à voir, et d'abord il n'écrit pas ses mémoires qui auraient pourtant été un best-seller au moment où on s'arrache les pierres de la Bastille dont le moindre fragment devient boucle d'oreille ou médaillon. Pourquoi ne le fait-il pas ?** *Aline et Valcour,* son roman philosophique, affiche, dans sa signature

(« Écrit à la Bastille un an avant la Révolution de France par M. le marquis de Sade »), dans sa préface, son avis de l'éditeur et ses notes, cette réputation toute neuve de victime du despotisme aux dons de clairvoyance « dignes d'exciter la curiosité du public », mais, très bizarrement, Sade le publie non en 1790 mais en 1795, et dès sa préface, insiste sur son décalage par rapport au présent :

« Comment l'ouvrage écrit depuis sept ans pourrait-il être à l'ordre du jour ? »

Quoi qu'en dise Sade, tous ses livres n'ont pas été écrits à la Bastille ou, s'ils l'ont été, c'est sous une forme bien différente de celle que nous avons, aujourd'hui, sous les yeux. **La Bastille est la cuisine dans laquelle Sade fait son apprentissage, c'est d'elle qu'il tire ses épices, ses idées et en quelque sorte son discours inaugural en tant que chef et « amphitryon offrant six cents plats à notre appétit » mais tous ses romans seront publiés sous la Révolution**, à l'exception d'un seul, très particulier, *La Marquise de Gange* dont il précise bien, en 1813 : « Ceci n'est pas un roman. »

# 8
# Le grand livre des réputations

Ne confondons pas Sade et Choderlos de Laclos, ils ont un parcours exactement opposé. *Les Liaisons dangereuses* paraissent en 1782. Sous la Révolution, Choderlos de Laclos travaille pour Philippe Égalité, fait la guerre, a des responsabilités importantes dans la sanguinaire Commune, à l'Évêché, avant d'être emprisonné comme Sade à Picpus en 1794 et d'échapper, comme lui, à l'échafaud. Ils se côtoient dans des moments difficiles et... ne parlent jamais l'un de l'autre. **Laclos ne publiera rien sous la Révolution, Sade est le romancier, le seul romancier de la Révolution** et cela, bien sûr, déplaît à tous ceux qui, aujourd'hui comme hier, s'acharnent à toiletter la Révolution pour la rendre présentable de bout en bout et parlent de Sade, quand ils en parlent, comme d'un aristocrate égaré dans une période qui n'est pas la sienne.

« **Infâme** » ou « **divin** », **notre marquis ne peut être citoyen.**

**Pourtant, il l'est, et « mouillé jusqu'au col » : écrivain public au service du public, rédacteur de tous les projets, de toutes les motions de sa section de la place Vendôme, devenue la très « populaire » section des Piques. C'est même lui qui rédige et prononce, sur une place bondée, le « Discours aux mânes » de Marat qui venait d'être assassiné !** Marat, l'Ami du peuple, « ulcéré qu'on lui conteste le titre de philanthrope alors qu'il ne réclamait qu'un petit nombre de têtes (273 000) pour sauver toutes les autres ». (C'est Marat que je cite et le chiffre est de lui.) L'apologie de ce genre de grand homme, Sade en avait fait sa spécialité, comment aurait-il pu prêter sa plume et sa voix à sa section sans y ajouter son petit grelot ?

« Français, honorez, admirez toujours vos grands hommes et si jamais la postérité vous accusait de quelque erreur, n'auriez vous pas votre sensibilité pour excuse ? Les Romains, par une loi sévère, exigeaient un long intervalle entre la mort de l'homme célèbre et son panégyrique, n'imitons point cette rigueur, elle refroidirait nos vertus. »

Marmiton dans la grande cuisine révolutionnaire, Sade, comme l'avaient fait tant de marmitons avant lui, pissait un peu dans la soupe avant de la servir à la table des maîtres.

MARAT
LEPELETIER

L'Ancien Régime ? Sade, à sa manière, a dénoncé dans *Sodome* son despotisme et ses abus, il fait dire au duc de Blangis : « Songez que ce n'est point du tout comme des créatures humaines que nous vous regardons mais uniquement comme des animaux que l'on nourrit pour le service qu'on en espère et qu'on écrase de coups quand ils se refusent à ce service », mais l'Ancien Régime est mort et **Sade ne dénonce jamais les maux de la veille mais toujours ceux du jour, si l'on veut bien admettre que ses apologies desservent plus qu'elles ne servent. En tout cas, il ne rit que de ceux qui sont sur la scène au moment où ils s'y trouvent ou, comme on doit le faire, juste à la fin de leur prestation.**

Pour l'instant Sade jouit de sa toute nouvelle liberté, mais malgré l'abolition de la censure, sa première publication *Justine et les malheurs de la vertu* est anonyme. Maurice Heine s'est amusé à rétablir à partir des brouillons de Sade, la première version du petit conte de Justine et Juliette sa sœur, écrit à la Bastille en quelques dizaines de pages et qui sert de matrice aux centaines de pages de la *Justine* de 1791 et aux milliers de pages de *La Nouvelle Justine ou les malheurs de la vertu suivie de L'Histoire de Juliette, sa sœur et les prospérités du vice* qui paraît de 1797 à 1800. Ce qui est sûr, d'emblée, c'est que le petit passage que je vais citer de la *Justine* de 1791, ne s'y trouve pas. Rappelons qu'en 1791, c'est la vertueuse Justine, « individu tout sentimental », qui raconte ses aventures et toute la saveur de ce texte tient à l'abondance de métaphores inventées par elle pour que son récit reste de bon ton.

**« Mais quelles nouvelles armes allaient, hélas !, se présenter à moi ! Julien et la Rose, qu'échauffait tout cela sans doute, également débarrassés de leur culotte, s'avancent la pique à la main... Oh ! Madame, jamais rien de pareil n'avait encore souillé ma vue. »**

Ces sans-culottes, la pique à la main, correspondent tout à fait à l'esprit d'un temps qui en fait l'incarnation même de la virilité face aux « bande à l'aise » aristocrates mais ce sont les bande à l'aise qui écrivent en cette année 1790 et les titres de livres à deux sous, que l'on trouve dans les galeries de ce qui est encore le Palais-Royal mais va bientôt devenir le Palais-Égalité, sont sans ambiguïté à cet égard : *Les Fouteurs de bon goût à l'Assemblée nationale, Recueil de chansons foutro-critico-energico-lubriques, dédiées à tous les crasseux disciples de saint François, par un bande à l'aise*, et c'est dans ce contexte que Sade fait paraître le roman bien poivré, bien épicé que lui deman-

dait son éditeur mais qu'il classerait dans les « érotiques sans mots ».

En 1793 LA CENSURE EST RÉTABLIE, ROBESPIERRE ET SAINT-JUST REMETTENT AU PAS LES SANS-CULOTTES, LES BANQUETS EN PLEIN AIR, LES BEUVERIES, LA RÉFÉRENCE À RABELAIS, TOUT CELA QUITTE LE DEVANT DE LA SCÈNE, on veut « donner du bonheur une idée juste » et très bizarrement c'est *La Nouvelle Justine* de 1797 qui utilisant tous « les mots de l'art » va mettre, c'est le cas de le dire, le « foutre » à toutes les sauces et les sans-culottes à leur place d'origine. Plus de piques, plus de culottes mises à bas pour effrayer Justine sans lui faire grand mal, Julien et la Rose se contentent d'emmener notre inusable Justine, à l'Évêché, auprès de leur maître en tortures, qui, soit dit en passant, lit *La Philosophie dans le boudoir* avant d'officier comme juge. Encore un pied de nez de Sade, encore une manière de nous rouler dans la farine et de jouer avec l'image que l'on se fait de lui !

**À la fin de *Sodome*, s'adressant à lui-même, Sade écrit : « Ne faites jamais rien faire aux quatre amis qui n'ait été raconté » par l'une des quatre historiennes. Ces hommes d'un pouvoir finissant écoutent et reproduisent mais ne sont plus capables ni d'inventer de nouvelles pratiques, ni de justifier les**

[...] Il y aurait sans doute d'autres moyens par lesquels une femme, à la fois sensible et féroce, pourrait calmer ses fougueuses passions ; mais ils sont dangereux, Eugénie, et je n'oserais jamais te les conseiller... Oh ciel ! qu'avez-vous donc cher ange ?... Madame, dans quel état voilà votre élève ?
Ah ! Sacredieu, vous me tournez la tête... Voilà l'effet de vos foutus propos.
Au secours, madame, au secours. Laisserons-nous donc décharger cette belle enfant sans l'aider ?

**leurs.** La philosophie leur est si étrangère qu'ils prévoient, au contraire, une amende pour celui qui ne se coucherait pas ivre et « s'aviserait d'avoir une seule lueur de raison ».

**Les hommes et les femmes que Sade met dorénavant en scène parlent, discutent, se justifient, veulent convaincre** et cela on ne le trouve ni dans le petit conte écrit à la Bastille, ni dans *Sodome*. La situation s'est en quelque sorte inversée, c'est le biographe de Juliette, qui, maintenant, raconte. Au château de Silling le duc, le financier, l'évêque et le président de la Cour, « ces sangsues toujours à l'affût des calamités publiques » se nourrissaient du récit de la vie privée des simples particuliers. Dans la grande suite romanesque que Sade entreprend de construire à partir de 1791 c'est lui, Sade, qui va nourrir ses lecteurs du récit de la vie privée des hommes et des femmes publiques (le jeu de mot n'est pas déplacé !) mais ces hommes et ces femmes de pouvoir sont tous de grands raisonneurs, sont tous philosophes ! **Là se situe la marque de fabrique sadienne, dans ce passage irrésistible du discours philosophique le plus sérieux au constat immédiat de son effet non sur les esprits, mais sur les corps.**

Bandole, auquel Justine demande quels sont « les titres de son autorité » sur elle, répond simplement en montrant l'état de son vit : « Je bande et je veux foutre », et malheureusement il semblerait que, pour Sade, chacun tienne le discours lui permettant de justifier sa passion dominante et ressemble finalement à Bandole, la franchise en moins.

# 9

# La « pensée » sadienne existe-t-elle ?

**« Machiavélique », « sadique », la langue française a réuni Machiavel et Sade au hit-parade du mal.** Althusser en révélant la « règle de méthode » suivie par Machiavel donne une clé tout aussi pertinente pour la compréhension de Sade : « **Penser aux extrêmes... dans une position, où pour rendre la pensée possible, on occupe la place de l'impossible.** »

Personne ne peut adhérer aux thèses, à toutes les thèses défendues par les libertins sadiens et pourtant elles semblent d'une rationalité à toute épreuve.

**« Récit pour du beurre », « prêche pour rire »,** ici c'est un autre philosophe, Clément Rosset, qui vient rappeler que Sade est, avant tout, romancier et que « la "pensée" sadienne est pur effet littéraire ». Sûrement, mais si l'œuvre de Sade offre « tous les sexes, tous les âges, toutes les passions, toutes les débauches, tous les crimes », elle offre aussi une promenade à travers tous les sophismes que l'esprit produit sous la dictée des pulsions du corps.

« L'aliment que nous proposons ici à notre lecteur n'est autre que la nature humaine », affirme le romancier Fielding dans *Tom Jones* et pour supporter un pareil aliment, il faut, selon Sade, avoir « de l'estomac » et ne rien vomir comme inassimilable ou dégoûtant car la police est toujours et avant tout une police du goût.

Pour retrouver, après des siècles d'apologie de l'amour, l'inventivité d'un Aristophane ou d'un Socrate, peut-être faut-il se gorger jusqu'à plus soif d'apologies du vice et du crime ? Juliette, après avoir parcouru toutes les branches de l'arbre du crime, est visitée une nuit, en rêve, par un ange venu lui annoncer des vertus incompréhensibles dont au réveil, pourtant, elle a une sorte de nostalgie. Peut-être est-ce cela qui lui fait oser la confiance et l'amour avec la Durand ?

Ne craignons pas ce retour du refoulé vertueux car contrairement à ce qu'en a dit, dans son *Kant et Sade*, le grand Lacan, ce n'est pas un retour à la Loi sous sa forme la plus castratrice.

« Tu es ce qui convient le mieux à mon bonheur, tu es la femme que je cherchais, ne m'abandonne plus... Il n'y a qu'à toi, mon ange, qu'à toi seule au monde que

je pardonne de m'aimer », dit Juliette à la Durand, comme le Maldoror de Lautréamont dira de la femelle requin : « Désormais je n'étais plus seul dans la vie !... elle avait les mêmes idées que moi. »

# 10
# Justine, Juliette, Léonore, Eugénie

À 12 et 15 ans, la blonde Justine et la brune Juliette se trouvent du fait de la mort de leurs parents exclues du couvent où on les éduquait, « condamnées à l'isolisme » et « libres de devenir ce qu'elles voudraient ». Elles sont toutes les deux intelligentes et jolies et n'ont pas leur langue dans leur poche mais Justine est handicapée dès le départ : elle se refuse à perdre sa « vertu » (dans tous les sens du mot) pour survivre et reste sourde aux conseils de sa sœur qui la quitte pour mener une vie où tout lui réussira. Justine commence, seule, sa carrière de victime. Pourtant M. Dubourg, dont le nom indique le statut de bourgeois, la prévient dès le départ :

**« À quel titre prétendez-vous que les gens riches vous soulagent, si vous ne les servez en rien ? »**

À cet endroit figure à nouveau en 1791, un petit dialogue qui disparaît de *La Nouvelle Justine* en 1797 :

**« – Oh ! Monsieur, répondis-je le cœur gros de soupirs, il n'y a donc plus ni honnêteté ni bienfaisance chez les hommes ?**

**– Fort peu, répliqua Dubourg ; on en parle tant, comment voulez vous qu'il y en ait ? »**

En 1797, reprocher aux révolutionnaires d'être, comme Justine, des adeptes « d'une frivole spiritualité que rien ne réalise », serait calomnieux ! La Terreur est passée par là et aucun des dirigeants qui survivent ne peut plus dire comme Zamé, le philosophe-roi de l'île de Tamoé dans *Aline et Valcour :* « le principal mérite de ma place publique est qu'elle n'a jamais vu couler de sang. » Sade se déchaîne (c'est le cas de le dire !) : « *Les hommes sensibles, les philosophes,* au pouvoir, se révèlent, finalement, aussi bons bourreaux que leurs prédécesseurs gothiques. »

Juliette, « la démocrate », va prendre des leçons d'insensibilité à Rome, chez Braschi, le pape Pie VI (en poste à ce moment-là) qui a condamné la Déclaration des droits de l'homme et toute la Révolution mais en France même, Saint-Fond, son premier ami et maître, lui avait déjà appris **l'essentiel : ne jamais écouter son cœur.**

Pour avancer « dans la carrière épineuse de la vie », il faut quelque « putanisme », ce que comprend très vite

Eugénie, qui, échappant à la vigilance d'une mère bien inadaptée aux temps nouveaux, demande dès le début de son apprentissage à son maître Dolmancé :

**« Suis-je assez putain maintenant ? »**

Pas très féministe Sade ?

Sérieux, il répond dans *Isabelle de Bavière* (la Reine Noire) :

**« C'est presque toujours dans l'âme ardente des femmes que s'allume cette sorte de courage qui conduit aux grands crimes ou aux grandes vertus. »**

Moins sérieux, dans *La Nouvelle Justine :*

**« On m'avait fait la mauvaise chicane de n'avoir introduit sur scène que des scélérats masculins. Nous voici, grâce au ciel ! à l'abri de ces reproches désolants. »**

Et Sade n'invoque pas le ciel en vain quand il écrit cela en l'an III ou IV de l'Égalité !

N'OUBLIONS PAS (ET SADE NE L'OUBLIE JAMAIS) QUE LA RÉPUBLIQUE FRANÇAISE EST NÉE LE 22 SEPTEMBRE 1792, jour de l'équinoxe, où les jours et les nuits sont d'égale longueur. **Ce 22 septembre, révolution céleste et Révolution française enfin accordées, commençait** *l'ère des Français, l'ère de l'Égalité.* **Même la nature s'était mise au tout nouveau système**

**décimal, elle obéissait au calendrier agricole**. Les mois, tous de trente jours (on rajoutait cinq journées *sans-culottides* pour compléter), étaient divisés en décades de dix jours (les mauvais esprits rappelaient que même Dieu chômait au septième jour et non au dixième), un jour ne comportait plus que dix heures et chaque Français devait trouver cela *naturel* : n'avait-il pas toujours compté sur ses dix doigts ?

Juliette révise son nouveau calendrier quand, entourée de dix vits, elle demande qu'on lui en mette « partout ! partout ! » et Sade sature son texte du chiffre dix dont les Français buvaient jusqu'à plus soif !

C'est dans ce cadre qu'il faut placer le fameux pamphlet, « Français, encore un effort si vous voulez être républicains », trouvé au Palais-Égalité par Dolmancé. Avant de le faire lire par son frère le chevalier, choisi pour la qualité de « son organe », la marquise fait sortir Augustin, son domestique, car ce texte sur l'égalité n'est vraiment pas fait pour toutes les oreilles !

**Sade se moque de la tâche redoutable que s'était assignée la Terreur :** *régénérer* **un vieux peuple, arracher les** *plantes vénéneuses,* **couper, tailler, élaguer, redresser, refaire.** Il se moque de cette marche harassante et sans fin d'hommes empruntant

Calendrier Républicain
X
Avec la participation
sans-culottide    de :
Justine, Juliette,
Léonore, Eugénie...

à l'agriculture son vocabulaire, ignorant tout de la nature et croyant pouvoir séparer, comme d'autres avant eux et par des moyens aussi redoutables, le bon grain de l'ivraie, le nouveau de l'ancien, les hommes contrefaits et inutiles des hommes sains, et tout cela pour établir l'égalité... Pour la *fraternité* c'est un peu mieux, à condition de permettre l'inceste, quant à *la mère patrie*, pour l'honorer, tuons la mère réelle ou séparons-la de ses enfants, car avoir deux mères nul ne le peut.

**Tous les discours des libertins sadiens sont de même farine, des cauchemars pour philosophes dont les arguments apparemment sans failles débouchent sur des conclusions « infâmes ». Comment pourrait-on supporter un imitateur vous transformant, toujours, en philosophe scélérat ?**

**La haine de la nature**, elle est là, chez ceux qui ne rêvent que de tout détruire pour pouvoir reconstruire, remodeler et voir émerger, enfin, une humanité nouvelle débarrassée de tous ses « vices » d'origine. D'autres aujourd'hui, à peine élus, entreprennent cette lourde tâche et ouvrent des comités de surveillance du vice ne comprenant, bien sûr, que des vertueux. **Vertueurs**, plutôt, comme les nomme Laurent Dispot[5].

---

5.  Dispot (Laurent), *La Machine à terreur*, Le Livre de poche, 1984.

Si un « vent » souffle dans *La Philosophie dans le boudoir,* ce n'est pas le vent de la Terreur qui a manqué de peu la tête de Sade accusé de « modérantisme », c'est, pour pasticher Nietzsche, un vent de dégel, de folie, d'exubérance et de gai savoir. Ce temps de printemps, tous les Français le ressentent en 1794, au moment où ce petit livre anonyme paraît. Plus de château, plus de couvent, plus de souterrain, un boudoir et une journée pendant laquelle Sade s'amuse à lever quelques malentendus sur son œuvre.

**Sodomie ? Inversion ? Signe permettant de reconnaître un homme de pouvoir qui, comme le dit la marquise, ne prend que par derrière et par traîtrise, telle est l'inversion de Dolmancé. « D'enculeurs l'histoire fourmille », précise un vers burlesque (octosyllabe) de *Juliette*. Auprès de celle-là, que pèse la petite inversion privée d'un homme, animal amphibie, qui ne fait violence à personne en draguant le chevalier qu'il trouve à son goût au Palais-Égalité ? La marquise ne se définit-elle pas d'ailleurs, elle-même, comme « animal amphibie » ?**

**« Je suis un animal amphibie ; j'aime tout, je m'amuse de tout, je veux réunir tous les genres. »**

**Le mensonge joyeux du romancier a remplacé le mensonge féroce de l'homme de pouvoir.**

Tortures ? Sévices ? Eugénie, le chevalier, la marquise inventent pour punir la mère d'Eugénie des choses très compliquées et bien peu réalisables, « Moi, dit Dolmancé [leur instituteur immoral] **j'adoucis l'arrêt mais je l'exécute alors que vos prononcés ne sont que l'effet d'une mystification mordante** ».

*Exécuter*, c'est pour Sade le verbe le plus barbare de la langue française. **Seuls les États exécutent.** Quand sa femme veut faire *exécuter* à La Coste un petit pavillon dessiné par lui, il lui demande de renoncer à ce vocabulaire d'exempt de police et lui dit que **ses idées sont au-delà de toute exécution.**

Rien de moins réaliste et de moins reproductible que les scènes sadiennes, un passage de *La Nouvelle Justine* insiste sur la tristesse des tableaux « naturalistes » :

**« Ahe !... Ahe !... Ahe !..., s'écrie-t-il (c'est sa passion que nous peignons d'après nature) Ahe !... Ahe !... »**

Dolmancé reste un personnage de roman, lui aussi fait partie de la grande mystification, du grand Carnaval sadien :

M^me de Mistival, la mère d'Eugénie, sera farcie et cousue comme une poularde et, contrairement à ce qu'affirmait

Barthes, le fil ciré rouge utilisé pour cela ne nous renvoie pas à la couture mais à la cuisine et il est le détail de trop qui casse l'aspect réaliste et insoutenable de la scène.

À la fin de *Juliette* ce même fil rouge permettra à Dolmus (Dolmancé revu par Momus le dieu de la satire ?) de coudre le « con » et le « cul » de la « poularde » Justine, non pour en interdire l'accès, comme l'affirme Lacan dans sa postface, mais pour que Saint-Florent puisse la « larder » après qu'on lui eut « rétréci les voies ». La finalité est toujours le plaisir : plaisir de despotes qui tentent d'interdire aux particuliers les jouissances qu'ils se réservent, plaisir de lecteurs qui ne peuvent plus être effrayés par des diables à la queue desquels on a attaché de si bruyantes casseroles.

**Les salles de tortures sont devenues boucheries et cuisines où l'on palpe les « viandes » à préparer en « rôtis », « farcis », « bouillis » et sauces diverses en fonction de leur âge et de leur qualité.** Marianne, 7 ans, est rôtie, Justine, en fin de parcours « bouillie » ou menacée de l'être, car Sade réserve à un Dieu ou à un destin facétieux la violence suprême. Seule la foudre aura raison de Justine en entrant par sa bouche et en sortant par son vagin et Noirceuil de conclure : « On a raison de faire l'éloge de Dieu, voyez comme il est décent,

Pour
Monsieur Saint-Florent:
Rôti de vierge rétrécie
au piment d'Espelette,
farcie au fenouil,
pommes sautées...

il a respecté le cul. » Et tout cela, bien sûr, est à prendre au sérieux aux dires de Lacan qui affirme que Sade est un exemple de « tragique gâteux » et manque « tout à fait absolument [...] de sens du comique ».

Sade aimait les contresens, il trouvait à sa femme un « fort beau contresens » ; pour se « venger » de Lacan, il en aurait fait un portrait flamboyant entouré d'un sérail de houris, toutes de dos sur leurs ottomanes, l'écoutant religieusement parler à « lacan-tonnade[6] » tandis que de leur corps oublié...

**Sade ne s'arrête pas avant le détail qui serait insoutenable, au contraire, il en rajoute toujours et de si incongrus qu'on ne peut y résister.**

Un exemple : une poêle brûlante contenant une crêpe est posée sur les reins nus d'une femme servant de table pendant un banquet offert par Chigi, le chef de la police intérieure de Rome, à Juliette. Nous sentons presque l'odeur de chair brûlée, mais un petit clin d'œil, une note : « Crêpe : espèce d'omelette très mince et qui se mange au sucre », casse cet effet de réalité et nous permet de poursuivre notre lecture. Sade traite toujours l'abus par l'abus. Les listes des accessoires et des figurants néces-

---

6. Jeu de mots de Lacan lui-même.

saires à l'organisation de chacune des orgies ruineraient n'importe quel producteur !

Un Sade si attentif au bien-être de ses lecteurs, nous lui pardonnons de se moquer souvent de nous, lectrices, auxquelles il consacre pas mal de ses notes, pour nous assurer, par exemple, qu'il peint d'après nature ou pour compter à notre place le nombre (énorme) de fois où Clairwil et Juliette sont « foutues » pendant une orgie... Mais alors, peut-être faudrait-il le croire quand il affirme que notre instruction, nos sensations et notre bonheur sont le seul but de ses « fatigants travaux » ?

Comment se termine *La Philosophie dans le boudoir ?* À quoi Dolmancé invite-t-il ses complices d'un jour ?

**« Pour nous mes amis, allons nous mettre à table et, de là, tous quatre dans le même lit. Voilà une bonne journée. »**

**Ce qui importe, c'est que tout soit dit et bien dit, pour pouvoir manger et dormir paisiblement.** Est-on si loin du *Banquet* de Platon où le philosophe Socrate et le comique Aristophane sont assis à la même table pour manger, boire et parler ? Toutes les apologies ont été faites, même celle du sel mais de l'amour nul n'a jamais fait propos de table et voilà le premier défi de l'histoire de la philosophie lancé ! La « culture des élites » et « le bas comique » n'ont pas toujours été opposés et la conception d'Éros imaginée par Socrate est tout aussi « grossière » que la bête à deux dos d'Aristophane. Avant de mourir, en prison, Socrate abandonne, d'ailleurs, la noble philosophie pour la modeste fable dont il comprend enfin quelle est « la musique » à laquelle il aurait du consacrer sa vie.

Raconter des fariboles ou les écouter, existe-t-il un plaisir plus innocent ? D'accord, mais pourquoi tant de « foutre » et de « bougre ».

# 11

# « Foutre ! Bougre ! »

**« Ces mots cruels réveillèrent notre infortunée. »**
Justine est au couvent de Sainte-Marie-des-Bois. Elle
y est entrée de son plein gré, de nuit, le 7 août pour
demander, d'urgence, le secours de la confession. Clément
refuse de la laisser entrer, elle insiste, est confessée par
Severino qui passe devant elle, nu, avec « **un engin
capable de percer le bandeau de la superstition** » si
**celui-ci pouvait l'être** mais Justine en oraison ne voit
rien et n'entend que le discours qui correspond à son désir
et à sa croyance. **Severino, par ses paroles, « élève »
son âme et s'empare ainsi impunément de son
corps oublié** : de son plein gré toujours, elle le suit dans
les souterrains où se cachent les instruments de torture.
À l'abri, il renonce enfin à sa rhétorique si convaincante
et lâche un « foutre » et un « bougre » qui permettent à
notre infortunée « putain par bienfaisance et libertine par

vertu » de prendre conscience qu'elle a encore une fois été « victime de sa candeur ».

*Justine,* avant la Révolution, ne comportait qu'une date, le 7 juin, veille de la Saint-Médard, le jour où étaient élues les petites rosières (les jolies Miss Vertu de l'époque). En 1791 et en 1797, toujours une seule date mais différente : **Justine entre dans ce haut lieu de toutes les tortures le 7 août, veille de la Saint-Dominique, saint patron de tous les inquisiteurs et fondateur des Jacobins (après la dissolution de tous les ordres, on donna sous la Révolution le nom du couvent où ils se réunissaient aux différents clubs. Jacobins, Feuillants, Cordeliers. Pour Sade, des lieux clos chargés d'une telle histoire contiennent un air vicié qui condamne à l'imitation leurs nouveaux occupants).**

Si les deux dernières Justine insistent sur la responsabilité des bourreaux, en l'occurrence, des Jacobins, elles continuent à dénoncer l'imbécillité des convertis, des convaincus, des partisans de tous les beaux discours qui prêchent l'oubli du bas du corps et des jouissances concrètes au profit du haut, du lointain, et font des amateurs de paradis qui chantent les victimes consentantes de toutes les barbaries et aussi, malheureusement, leurs meilleurs soutiens.

À la fin de sa vie, à Charenton, Sade fait tenir à *Isabelle de Bavière*, l'abominable reine de France, « le » discours qui, partout et à toutes les époques, a donné le signal du combat entre les factions que l'on avait d'abord pris grand soin de distinguer par des couleurs ou des « galons » : le blanc, le rouge, qu'importe, il faut toujours au crime des livrées. La nudité a au moins l'avantage d'effacer toutes les distinctions de ce type.

Que dit de si fondamental Isabelle de Bavière ?

**« Braves soutiens de la bonne cause, pourriez-vous être un moment la dupe de ce qui se trame aujourd'hui contre nos intérêts communs ? Que nous arriverait-il si cette faction sanguinaire se rendait maîtresse de Paris ? Les places se couvriraient d'échafauds, rien de sacré pour de tels scélérats. Croyez que les rigueurs que nous nous sommes vus contraints d'employer jusqu'à ce moment n'ont eu pour objet que de prévenir leur rage en paraissant aussi méchants qu'eux. Si nous avons fait couler un peu de sang, c'est pour épargner les flots qu'ils auraient fait couler du nôtre, etc., etc. Vertueux défenseurs du bon droit, etc., etc. »**

Voilà les discours qui, à toutes les époques, électrisent les têtes et font s'entrégorger allègrement Armagnacs et Bourguignons, aristocrates et patriotes et tant d'autres vertueux de la même farine car **nul, jamais, n'a adhéré à « la société des Amis du crime », tout le monde s'est toujours battu pour de bonnes causes défendues par des hommes au visage avenant.**

Que répond Sade à ce type de discours ?

En privé : « Toussez, mouchez, crachez, pétez et chantez Margot a fait Biribi » ou « Va-t-en voir si j'y suis Jean... Va-t-en voir si j'y suis, Nicolas. »

Ses étrennes burlesques envoyées de la Bastille à la Jeunesse, son valet, le décrivent comme un capitaine attendant pour affréter son navire *Le Redoutable* quarante vits de mulet en fonte « à mettre sur la hune, afin de lui donner un air plus redoutable ». À l'abri de tels canons, Sade s'imagine voguant, enfin, vers des cieux plus cléments : « Et puis je mettrai à la voile pour aller en croisière ce printemps. »

Pour lire Sade et embarquer sans risque il faut se munir de deux pare-feux : Spinoza et Nietzsche.

**Nietzsche qui rappelle que « le jugement du point de vue de la dégustabilité (c'est à vomir !) est le jugement fondamental de la morale » et Spinoza, que « le mot chien ne mord pas ». Sade, quant à lui, est, avant tout, romancier et quand un romancier comme Sade décide de ne se souvenir des temps**

d'anthropophages qu'il a traversés que pour en faire des contes pour effrayer ses neveux (c'est ce qu'il écrit à Gaufridy en sortant de Picpus), les neveux que nous sommes frémissent, même en se répétant comme un mantra : « Le mot chien ne mord pas. »

S'il écrivait le mot chien, Sade réussirait au moins à le faire aboyer, alors quand il écrit les mots « vit », « con », « cul » nous nous sauvons comme des petites poulettes effrayées et réclamons des censeurs qui remettent aux phrases leur pantalon !

# 12

# « Ni de gauche, ni de droite : romancier »

Dans son *Idée sur les romans*, Sade rejette « l'idée commune » selon laquelle le roman naîtrait en Grèce, la patrie d'origine des sciences et de la philosophie, il le fait naître en Égypte « le berceau certain de tous les cultes ».

**« À peine les hommes eurent-ils soupçonné des êtres immortels, qu'ils les firent agir et parler ; dès lors voilà des métamorphoses, des fables, des paraboles, des romans ; en un mot voilà des ouvrages de fiction, dès que la fiction s'empare de l'esprit des hommes. »**

**Les dieux, les héros, les géants, les romans, le fabuleux, voilà le domaine où Sade excelle** et son plus grand plaisir est de redonner vie aux géants de son enfance, aux diables des processions de la Fête-Dieu d'Aix qui choquaient un Casanova habitué au carnaval de

Venise, carnaval de bon goût qui a pu survivre contrairement aux géants qui portaient leur sexe sur l'épaule ou aux représentations de tous les péchés capitaux que tout un chacun pouvait brocarder. Cette Provence si « féroce », Casanova la fuit à toutes jambes et, de plus, assure que toutes les Provençales ne sont que des tribades éhontées.

Quelle autre origine donner à Minski, le Moscovite à la voix de stentor, l'ermite des Appenins, étonné que les jeunes Juliette et Clairwil ne sachent déjà plus qui il est, ni à quelle tradition il appartient[7] ?

**Du géant anthropophage, Minski a tous les attributs. La cuisine carnavalesque la plus traditionnelle c'est dans son donjon que nous en trouvons les plus « purs » produits : « boudins faits avec du sang de pucelles et pâtés aux couilles », « quartier de garçon fort bien apprêté » et étrons servis au dessert dans des jattes de porcelaine blanche.**

**Minski, c'est l'hypertrophie gigantesque du « bas » du corps :** l'absorption de quantités énormes de chair humaine lui assure une érection constante, quand il dort, quand il marche, quand il mange, quand il parle

---

7. SADE, *Juliette ou les prospérités du vice.*

et quinze à vingt éjaculations de suite, si abondantes et si tumultueuses qu'elles en arrosent le plafond après avoir tué la personne entreprise par un tel « outil » ! Minski, le « Bande au ciel », ne peut qu'ouvrir sa braguette pour faire admirer à Juliette « l'anchois de dix-huit pouces de long sur seize de circonférence surmonté d'un champignon vermeil et large comme le cul d'un chapeau » qui lui sert de vit. Et Juliette, malgré son expérience, de s'exclamer :

« – Oh ! Juste ciel !... mais mon cher hôte, vous tuez donc autant de femmes et de garçons que vous en voyez.

– À peu près, et comme je mange ce que je fous, cela m'évite la peine d'avoir un boucher. »

N'oublions pas que la guillotine avait tout un temps été considérée comme un spectacle hautement moral et que dans le vocabulaire du temps, on disait que Fouquier-Tinville tenait « le comptoir de la boucherie » et « faisait provision de gibier » pour un bourreau Samson « qui travaillait la marchandise » et à qui l'on criait avec enthousiasme dans le feu du spectacle : « Broyons ! Broyons du rouge. »

**Il écrit aussi, bien sûr, sous son nom, un roman philosophique mais *Aline et Valcour* est sûrement le seul roman philosophique dont l'auteur précise, dès la préface, qu'il appartient aussi au genre comique. Dans ce livre, Sade nous invite à rire non**

avec lui, mais de lui, et cherche à s'excuser de se comporter en instituteur. En exergue, une citation de Lucrèce en latin, comme dans les bons vieux livres qui préservaient ainsi les oreilles non averties.

Et que dit cette citation si dangereuse ? « Quand on veut faire prendre aux enfants une potion amère, on enduit les bords de la coupe de miel pour les tromper et ainsi les soigner malgré eux. » Voilà un roman dans lequel Sade va traiter son lecteur en enfant à qui il faut tout expliquer dans une langue métaphorique.

Léonore, la femme philosophe, suit à peu près le même parcours que Justine mais, parvenue à un couvent de capucins très isolé, elle se cache discrètement dans un confessionnal pour y passer la nuit :

« Je n'avais aucune envie d'aller demander asile à ces bons pères ; je serais devenue, dans leur retraite, un morceau trop friand pour eux. »

**Léonore connait « l'absinthe » produite par la négation du bas du corps et « le miel » des belles paroles n'a sur elle aucun effet. Ses classes, elle va les faire, à l'air libre et sur les chemins, auprès de Brigandos et d'un « philosophe nègre », elle va les faire aussi dans la bande de Bras de Fer dont les pistolets, la voix terrible et « les mots**

**cruels**[8] **» ont une seule finalité : la rappeler à ses devoirs féminins et obtenir d'elle qu'elle fasse la cuisine.** Pour se distraire durant le repas commun, chacun imagine et raconte à quelle sauce il va manger cette « gueuse », « cette p... ». L'usage de « l'abrégé », les métaphores militaires ou culinaires, permettent à Sade de « gazer » un récit fait par Léonore à Aline, sa très vertueuse sœur, et à leur mère, mais il insiste, en langage très clair, sur la conclusion de Bras de Fer :

**« Souvenez-vous que ce que nous venons de faire n'est qu'un jeu, je voulais vous tenir en gaieté et vous empêcher de dormir. »**

Et comme si ce n'était pas suffisant Léonore va, elle aussi, tirer la « morale » de l'histoire : « Ces malheureux viennent de se permettre des propos affreux, sans doute, mais ils ne m'ont fait aucun mal. Ce ne sera donc jamais que dans les états proscrits par la société que je trouverai de la pitié et de la bienfaisance ! »

Dans ce livre deux figures de philosophes « honorables », « amants » et non « bourreaux de la nature » : Rousseau dont

---

8. Ici, pas de « foutre » et de « bougre », « on prend une forteresse », « on escarmouche devant les demi-lunes », on s'empare « de la redoute avant d'entrer dans le cœur de la place ».

la conversation amène Valcour à comprendre que la carrière de romancier lui permettra de « sublimer » une énergie qui n'était pour lui, jusque-là, qu'une source de malheur et Zamé, le philosophe-roi de l'île de Tamoé habitée par « le peuple le plus riche, le plus libre et le plus heureux de la terre ». **Les deux « philosophent » à l'air libre, en marchant « sous la voûte du ciel »** et sans exercer une quelconque contrainte sur leur interlocuteur. Pourtant la présence de Sainville est un souci pour Zamé :

**« Je n'ai qu'un ennemi à craindre poursuivit Zamé, c'est l'Européen inconstant, vagabond, renonçant à ses jouissances pour aller troubler celles des autres, supposant ailleurs des richesses plus précieuses que les siennes, désirant sans cesse un gouvernement meilleur, parce qu'on ne sait pas lui rendre le sien doux ; turbulent, féroce, inquiet, né pour le malheur du reste de la terre, catéchisant l'Asiatique, enchaînant l'Africain, exterminant le citoyen du Nouveau Monde, et cherchant encore dans le milieu des mers de malheureuses îles à subjuguer. »**

Deux îles dans ce roman, Tamoé, l'île où l'on aime, et Butua, l'île des anthropophages, l'île où l'on tue. Des deux, seule Butua est, « peinte d'après nature, par un voyageur exact, instruit, et qui ne raconte que ce qu'il a vu », Tamoé n'est « qu'une fiction agréable », en tout cas, c'est ce qu'affirme Sade, en 1795, après son petit voyage en Révolution, une île inconnue de Cook et de Bougainville.

Enfin, pour nous remettre de tout ce sérieux, adoptons la méthode utilisée par Saint-Fond. Quand il s'ennuie, il réclame à Juliette chargée de le servir : « **Du cul ! Du cul !** », et pour que l'on comprenne bien qu'il s'agit d'un choix littéraire, après chaque envolée lyrique de Faustine, de Rosine puis de son amant, Juliette ou Clairwil nomment le genre auquel ces propos renvoient : « Ah ! Ah ! Voici du pathétique ! », « C'est un héros de roman », « Laissons là l'héroïsme jeune homme », et quand deux ruisseaux de larmes jaillissent des superbes yeux de Faustine, le cruel Saint-Fond, dit le texte, « son vit à la main, vint la regarder sous le nez. Oh ! Foutre, s'écria-t-il... Pleurez mignonne, pleurez... tenez, pleurez sur mon vit ! », et tout est du même tabac, et l'on comprend que Justine, la première, la seconde on ne sait pas, ait été le best-seller de l'époque. Quel repos, quel plaisir après les envolées lyriques de tous les tribuns vertueux sans parler des fêtes patriotiques, du culte de la Raison et de toutes ces distractions hautement pédagogiques et obligatoires.

# 13

# Le sac aux abus a changé de mains.
# Vive la philosophie !

Il y aurait tant à dire et tant à citer. **Comment en finir ?**

**Sade, dans la même situation, tue son héroïne pour « ôter l'envie de continuer cette histoire », car Sade, l'a-t-on compris, écrit des pages et des pages, et toujours plus de pages, c'est sa manière à lui de lutter contre la censure.** À la fin de sa vie, il écrit *Les Journées de Florbelle* dans sa chambre à Charenton. À chaque fouille de la police on lui prend ses cahiers. On lui en prend dix, il en réécrit trente. On lui prend les trente, il en réécrit soixante-dix et, après sa mort, son vertueux fils cadet fera brûler les cent huit cahiers de ces *Journées* qui, là, ne renaîtront pas de leurs cendres mais dont nous restent quelques pages de notes prélevées à titre de curiosité par un employé de la préfecture.

HOPITAL DE CHARENTON

À **70** ANS, SADE N'A PAS RENONCÉ À SES *LIVRES DE BASTILLE*. Ces notes précisent que l'ouvrage comprendra « huit dialogues, treize journées, un traité de morale, un traité de religion, d'un sur l'âme, d'un sur Dieu, d'un sur l'art de jouir, du projet de trente-deux bordels d'hommes et de femmes pour Paris, d'un traité de l'antiphysique, et de deux romans, celui de Modose et celui d'Amélie, qui doivent, à l'impression, rendre au moins vingt volumes ».

La nouveauté, c'est qu'au moment où l'Empire a remis la noblesse très à la mode, au moment où Louis XVIII revient, Louis XV fait son entrée dans le « bestiaire » sadien avec « un gros vit et beaucoup d'apathie ».

**La nouveauté, surtout, en ce début de XIX^e siècle où l'on recommence à trouver du « génie » au christianisme, c'est que Sade choisisse de mettre en scène un abbé et un abbé dont la caractéristique essentielle est de « doser ses mots ». Il est sûr que Juliette la démocrate, la femme-volcan, ne dosait pas ses mots.**

Le titre principal, nous dit-il, sera : *Les Entretiens du château de Florbelle, ouvrage moral et philosophique, suivi de La Sainte Histoire de l'abbé de Modose et des Mémoires*

*pieux d'Emilie de Volnange, ornée de gravures édifiantes.*
Que se passe-t-il ?

**« La tourbe dévotieuse » est revenue sur le devant de la scène, les dangereux bigots des droits de l'homme et de l'égalité ont, quant à eux, disparu, la philosophie a retrouvé sa légèreté et court sur les chemins avec Jacques le fataliste. Sade peut récupérer, dans la boue, son habit préféré : son habit de philosophe. Il peut aussi refuser, avec une obstination qui étonne certains aujourd'hui, de reconnaître la paternité de *Justine*.** Bien sûr, il sera enfermé quatorze ans à Charenton, sans procès, par simple décision du Conseil privé de l'empereur, pour avoir écrit cette œuvre, on peut donc comprendre qu'il mente effrontément pour tenter de retrouver l'air libre. Mais une de ses notes de Charenton le montre surtout soucieux d'éviter de donner des arguments contre la philosophie « aux animaux de l'autre monde » qui en sont revenus, **aux « suppôts de la tonsure », aux Genlis, Chateaubriand, la Harpe qui se sont « déchaînés contre Justine, tandis que ce livre leur donnait précisément gain de cause ».**

Admirable est ce vieux Sade, enfermé à nouveau, et qui ne renonce ni à dire combien il est fier d'avoir écrit

un aussi bon livre que *Justine*, pendant la Révolution, à un moment où sous couvert de « philosophie » on coupait des têtes, ni à dire son mépris pour ceux qui, dans le présent, pourraient s'ils avaient assez d'estomac pour le lire, en tirer parti :

**« Ils eussent payé pour avoir un ouvrage aussi bien fait que celui-là pour dénigrer la philosophie qu'ils ne fussent point parvenus à l'avoir. Et je jure sur tout ce que j'ai de plus sacré au monde que je ne me pardonnerais jamais d'avoir servi des individus si prodigieusement méprisés de moi. »**

Sade est un écrivain qui refuse de dire ce que tout le monde sait, au moment où tout le monde le dit. Il ne rit pas avec n'importe qui de n'importe quoi. Rien n'est plus rafraîchissant aujourd'hui.

Se servir de l'horrible moine Clément comme porte-parole, passer par lui pour dire, très simplement, que l'homme le plus déviant réformerait à l'instant ses goûts s'il en était le maître et qu'il aimerait mieux ressembler à tout le monde plutôt que de se singulariser, cela aussi est d'un courage peu courant.

**Finalement la seule chose qui dépende de nous et soit en notre pouvoir, c'est de choisir le miroir**

au travers duquel nous nous regardons et regardons les hommes qui nous entourent.

Il suffit d'un miroir pour rendre une personne aimable ou haïssable. Tout est affaire d'imagination.

« Cette brillante partie de notre esprit vivifie tout et la vérité toujours au-dessous de la chimère, devient presque inutile à celui qui sait créer et embellir le mensonge[9]. »

« L'homme contrefait trouve aussi des miroirs qui le rendent beau[10]. »

9. SADE, *Histoire de Juliette.*
10. SADE, *La Nouvelle Justine ou les malheurs de la vertu.*

Ce n'est point ma façon de penser
qui a fait mon malheur,
c'est celle des autres.

Sade

# Table des matières

www.ingramcontent.com/pod-product-compliance
Lightning Source LLC
LaVergne TN
LVHW051159060726
842526LV00014B/3272